내 에티켓이 어때서!

글 정명숙 | 그림 김은경

파란정원

● 작 가 의 말 ●

'국어 · 수학 · 사회 · 과학' 보다 더 중요한 에티켓 성적표

"에티켓 성적표, 그런 것도 있나요?"라고 묻는 친구들에게 이렇게 대답해주고 싶어요. '국어 · 수학 · 사회 · 과학' 처럼 점수를 매기지 않을 뿐 당연히 존재하는 과목이라고요.

에티켓에 대해 잘 모르는 것은 학교에서 시험을 치르지 않기 때문이에요. 우리는 시험 보는 과목이 아니면 별로 중요하지 않다고 생각하거든요.

공부를 잘 하는 사람과 에티켓이 좋은 사람. 먼 훗날 누가 자신이 원하는 목표를 이룰 수 있을까요? 채용담당자의 90%가 "에티켓이 합격에 영향을 미친다."고 대답한 것만 봐도 사회생활을 하는 데 중요한 것은 공부보다 에티켓임을 알 수 있어요.

그럼에도 불구하고 학생이 공부만 잘 하면 되지 에티켓은 나중에 커서 배워도 된다고 생각하는 사람들이 있어요. 그건 크게 잘못된 생각이에요.

에티켓은 책상에 앉아 수없이 문제를 풀고 달달달 외운다고 해서 익혀지는 것은 아니랍니다. 예의범절을 뜻하는 에티켓은 먼저 행동으로 익히고 그것을 꾸준히 실천해야 자연스럽게 몸에 배거든요. 그래서 에티켓은 나중에 커서가 아니라 지금 당장 시작해야 합니다. 빠르면 빠를수록 더욱 좋지요.

'국어·수학·사회·과학'보다 더더더 중요한 에티켓 성적표!!

에티켓도 실력인 이 시대에 우리 어린이들이 주인공인 모범생처럼 에티켓 성적표에 '매우 잘함' 도장이 찍히길 기대합니다.

깍듯선생님 정 명 숙

● 차 례 ●

1장   **내 에티켓이 어때서?**

01 모범생이 모범상도 못 타고 이게 뭐야! 14

02 모두 나만 미워해! 20

03 할무니, 엄청청청 보고 시퍼쩌 26

04 무슨 어미가 이렇게 싸가지가 없어? 32

05 오늘은 꼭 칭찬받을 거야 38

06 안녕하세요, 안녕하세요, 안녕하세요? 44

2장   **에티켓이 내 얼굴이라고?**

01 아프리카 새깜둥이 세수하나 마나 52

02 피부색이 다르다고 차별하지 마세요 58

03 그 유명한 브랜드도 모르다니 64

04 모범생은 연예인의 짝퉁 70

05 먹을 때는 개도 안 건드린다는데 76

06 지렁이가 입 속으로 들어간 느낌이야 82

07 난 백장미! 나도 백장미! 88

08 쌍꺼풀 수술하면 안 돼요? 94

3장 이것도 잘못된 에티켓

01 백장미를 사랑하지 않는 사람들의 모임 102

02 탄로 난 백장미 안티카페 108

03 우리 모두 예술극장으로 GO GO! 114

04 저건 진짜 피가 아니고 맛있는 케첩이야 120

05 난 사회자 아니면 안 할 거야 126

06 정말 너희와는 대화가 안 통해! 132

4장 에티켓으로 나를 빛내다

01 네 이름만큼 정말 한심하다 한심해! 140

02 나눠주는 기쁨, 나눠 먹는 기쁨 146

03 모범생이 에티켓 왕이라고? 152

04 모범생, 진짜 모범생이 되다 158

에티켓이 뭐예요?

루이 14세 때 지어진 프랑스 베르사유 궁전에는 화장실이 없어서 건물 구석이나 나무 밑, 정원에서 남몰래 용변을 보는 일이 많았대요. 그러다 보니 악취가 진동하게 되었고, 참다못한 궁전 관리인이 '정원에 들어가지 마시오.' 라는 표지판을 세웠어요.
그 후 루이 14세가 이를 지킬 것을 명령함으로써 '에티켓(Etiquette)'은 '남에게 지켜야 할 예절이나 예법'을 뜻하는 말이 되었답니다.

에티켓을 왜 지켜야 해요?

에티켓은 많은 사람이 함께 하는 문화를 올바르게 유지하기 위한 사회적 약속이에요.
우리가 사는 세상은 외모도 다르고, 생각도 다르고, 행동도 다른 많은 사람이 모여 사는 공동체예요. 나는 엄마 아빠의 소중한 아들딸이기도 하지만, 학교, 이웃, 우리나라, 더 나아가 지구촌 가족의 중요한 구성원이기도 해요. 나를 사랑하듯이 남을 배려하고 상대방에게 에티켓을 지키면 우리 모두 행복해진답니다.

때와 장소에 따라 왜 에티켓이 달라지나요?

'로마에 가면 로마법을 따라야 한다.'는 말이 있어요. 어떤 곳에 가든 그곳의 관습이나 법에 따라야 한다는 뜻이에요. 에티켓도 마찬가지랍니다. 아침이냐 저녁이냐에 따라, 결혼식장이냐 장례식장이냐에 따라 인사말과 옷차림이 달라지는 것처럼 때와 장소에 따라 행동을 달리해야 한답니다. 그렇지 않으면 내가 베푼 호의가 상대방에게는 불쾌감이 되어 괜한 오해를 살 수도 있으니까요.

좋은 에티켓을 들이고 싶어요

에티켓의 기본정신을 늘 가슴에 새기며 행동한다면 좋은 에티켓을 들이게 될 거에요. 내가 소중한 만큼 남도 소중한 존재라는 마음가짐으로 상대방을 배려한다면 에티켓 모범생이 될 수 있을 거예요.

❶ 상대방에게 폐를 끼치지 않아요.
❷ 상대방에게 호감을 줘요.
❸ 상대방을 존중해요.

모범생이 모범상도 못 타고 이게 뭐야!

"어린이날 기념 모범상을 받을 어린이는 3학년 1반 모자람!"

상을 받을 학생의 이름이 불리자 운동장 한가운데에서 환성이 터져 나왔어요.

"와아!"

"이번에도 자람이가 받을 줄 알았어."

"자람아, 축하해!"

친구들의 환호를 받은 자람이의 얼굴에 웃음꽃이 피었어요.

"쟤가 범생이 동생인 거 알지?"

"우리 학교에서 유명한 쌍둥이잖아."

"그런데 범생이는 왜 저러냐? 이름만 모범생이지 우리 학교 최고 말썽꾸러기잖아. 비교된다 비교돼!"

"저기 좀 봐. 범생이가 뭐라고 하는 것 같은데?"

수군거리던 아이들이 범생이 쪽으로 고개를 돌렸어요.

'너희, 분명히 날 추천했다고 했잖아?'

범생이가 손짓으로 말하자 아이들도 알아들었다는 듯 손짓으로

대답했어요.

'어, 했어.'

'근데 왜 내가 아니야?'

아이들은 영문을 모르겠다는 듯 어깨를 으쓱했어요.

범생이는 내심 올해에는 꼭 모범상을 받을 수 있으리라 기대를 했어요. 하지만 자신이 아닌 자람이의 이름이 불리자 맥이 탁 풀렸어요.

'에잇, 내가 상을 못 탄 건 모두 자람이 때문이야.'

범생이는 쌍둥이인 자람이와 함께 초등학교에 입학하고부터 인생이 꼬이기 시작했어요. 친구하고 싸워도 "사내자식이 그럴 수도 있지, 괜찮아."라며 범생이를 두둔해주던 아빠도, "유치원 때 받는 상, 그거 아무 필요 없어."라며 위로해주던 엄마도, 모두 모두 돌변해버렸어요.

지금은 한목소리로 "자람이는 맨날 상을 타오는데, 너는 이름이 모범생이면서 상 하나 못 타 오니? 이름값 좀 해라."하며 핀잔을 주기 일쑤였어요.

그래서 이번에는 엄마 아빠 말대로 이름값 좀 하리라 작정을 하고, 모범어린이를 추천하는 날 친구들에게 최신 왕딱지까지 선물했는데. 범생이의 노력이 한순간에 물거품이 되고 말았어요.

깍듯 선생님의 한마디

친구들에게 최신 왕딱지까지 선물한 범생이는 왜 모범상을 받지 못했을까요?

그건 평소 행동이 모범상을 받을만큼의 좋은 인상을 남기지 못했기 때문이에요. 거칠게 말하거나 함부로 행동했던 것이 친구들에게는 모범적이지 못한 어린이로 인상깊이 박히게 된 것이지요.

모범상을 받고 싶어 뒤늦게 값비싼 물건으로 친구들의 마음을 산다고 해서 하루아침에 모범어린이가 되는 것은 아니랍니다. 그럼 모범상을 받으려면 어떻게 해야 할까요?

'모범'의 뜻은 본받아 배울만한 대상인만큼, 친구들이 보고 배울 만큼 평소에 올바른 행동을 해야 해요.

친구를 대할 때 친절하게 말하고, 어른께 예의 바르게 행동하는 습관이 몸에 배면 저절로 모범적인 어린이가 된답니다. 평소의 말과 행동이 얼마나 중요한지 이제 알겠지요?

고운 말 vs 나쁜 말

나는 친구의 행동에 어떻게 말하는지 체크해보세요.

미안해, 다친 데 없니?

킥킥, 쌤통이다. 뭘 그런 걸로 엄살이냐?

힘내, 다음에 잘하면 돼.

바보야, 그것도 못하냐?

고마워, 네가 도와줘서 해낼 수 있었어.

저리 비켜, 혼자서도 할 수 있거든.

괜찮아. 조금 아프긴 하지만 나아질 거야.

아, 짜증 나. 앞 좀 보고 다니지?

바른 행동 vs 거친 행동

나는 어떻게 행동하는지 체크해보세요.

조용히 다음 수업을 준비해요.	쉬는 시간에	책상을 엉망으로 해놓고 떠들고 장난쳐요.
사뿐사뿐 조용히 오른쪽으로 걸어요.	복도에서	소리를 지르며 뛰어다니다가 친구와 부딪쳐요.
한 줄로, 오른쪽으로, 한 계단씩 내려와요.	계단에서	앞사람을 밀며 난간에서 미끄럼을 타며 내려와요.
용변을 본 뒤에는 꼭 물을 내려요.	화장실에서	용변을 본 뒤에 물을 내리지 않아요.

모두 나만 미워해!

'아무래도 뭔가 잘못된 게 틀림없어.'
범생이는 선생님께 달려갔어요.

"선생님, 왜 자람이가 모범상을
받았나요?"

"자람이가 가장 많이 추천을 받
았으니까 그렇지."

선생님이 보여준 모범상 추천자
명단에는 온통 '모자람'으로 도배되어
있었어요. 이름 뒤에는 '마음이 착해서, 친절하게 대해줘서, 힘들
때 위로해줘서, 고운 말로 칭찬해줘서' 등 추천 이유가 가득 쓰여
있었어요.

딱 한 표인 '모범생'의 이름 뒤에는 '친해지고 싶어서'라는 추천
이유가 적혀 있었어요. 공부도 꼴찌, 운동도 꼴찌, 온통 못하는 것
투성이인 한심해만이 자신을 추천했을 뿐이었어요.

"으앙, 으아앙~."

자신을 추천했다고 했던 아이들은 범생이를 추천하지 않았어요.
친하다고 믿었던 친구들이 자신을 추천하지 않았다는 배신감이 범
생이의 눈물샘을 툭 건드렸어요. 범생이의 울음에 친구들이 몰
려들었어요.

"이게 모두 너희 때문이야. 저번에 준 왕딱지 도로 다 내놔!"

"아, 그거? 그럼 너 모범상 타려고 준 거였니? 치사하게 줬다 뺏는 게 어딨냐?"

"치사하긴 누가 치사해. 선물을 받고도 추천도 안 한 너희가 싸가지 없고 치사한 거지. 잔말 말고 빨리 내놔!"

"네가 이렇게 못된 말만 쓰니까 모범상을 못 탄 거야."

"내가 상을 타든 말든 무슨 상관이야. 빨리 내놓고 꺼져!"

범생이가 화를 내자 아이들은 어이없다는 듯 범생이에게 받은 왕딱지를 탁 소리 나게 놓고 가버렸어요.

왕딱지를 되돌려 받으면 속이 시원해질 줄 알았는데 범생이는 오히려 마음이 답답해졌어요.

"으앙! 억울해. 왕딱지까지 줬는데 찍어주지도 않고. 모두 나만 미워해!"

아무리 발을 구르고 통곡을 해도 범생이를 위로해주는 친구는 없었어요. 친구하고 싶지 않은 한심해만이 범생이의 등을 토닥이고 있을 뿐이었어요.

깍듯 선생님의 한마디

'싸가지'라는 말은 '잘될 가능성이나 희망이 애초에 보이지 아니하다.'라는 뜻을 가진 말이에요. 그러므로 범생이가 친구들에게 싸가지 없다고 한 것은 '너희는 앞으로 희망이 없다.'라고 말한 것과 똑같아요. 이런 말을 듣고 기분이 좋을 사람이 있을까요?

범생이는 친구들이 자신을 모범상 수상자로 추천하지 않자 기분을 나쁘게 하는 말로 친구들의 마음을 아프게 했어요. 이처럼 **기분 나쁜 말은 친구의 마음을 아프게 하고, 기분 좋은 말은 친구의 마음을 기쁘게 물들인답니다.**

가는 말이 고와야 오는 말이 곱다.

위의 속담처럼 내가 먼저 바르고 고운 말을 쓰면 상대방도 바르고 고운 말을 쓰게 된다는 걸 꼭 기억하세요.

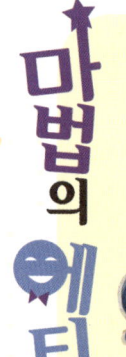

친하다고 함부로 말하지 않아!

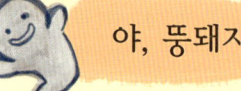 **야, 뚱돼지!**

별명은 친한 사이에 친밀감을 표시하기도 하지만, 그 별명을 좋아하지 않는 친구의 기분을 상하게 할 수도 있다. 친구가 원하지 않는 별명을 부르는 건 괴롭힘과 같다.

 **유치원 때 맨날 오줌 싸서 별명이 오줌싸개잖아.**

친하다고 때와 장소를 가리지 않고 아무 말이나 하지 않는다. 친구의 자존심이 상할 수 있는 말은 하지 않고, 다른 친구에게도 말하지 않는다.

 **이건 비밀인데⋯⋯.**

친구가 믿고 한 말을 다른 친구에게 옮기거나 없는 소문을 퍼트리거나 뒤에서 흉을 봐서는 안 된다. 친구 사이의 믿음이 사라져 소중한 친구를 잃을 수 있다.

친하다고 함부로 행동하지 않아!

마법의 에티켓

**친구 사이에
네 것 내 것이 어디 있어?**

친하다고 해서 친구의 물건을
허락 없이 함부로 쓰지 않는다.
친구의 물건을 쓸 때는
꼭 허락을 받아야
나중에 오해받을 일이
생기지 않는다.

**장난이야 장난.
뭘 그런 걸 가지고 엄살이니?**

장난이라며 친구에게 똥침을 주거나
괜스레 툭 치고 지나가는 행동은
친구를 괴롭히는 행동이다.
심한 장난은 싸움으로
이어지거나 학교 폭력이
될 수 있다.

**나가기 귀찮아.
나중에 만나자고 해야지.**

'친구니까 이해해주겠지.' 하고
번번이 약속을 어기면
친구 사이에 믿음이 깨진다.
신중하게 지킬 수 있는 약속만 하고,
약속하면 꼭 지킨다.

할무니, 엄청청청 보고 시퍼쪄

"우리 범생이가 상을 받았다고?"

모범상을 받았다는 소식을 듣고 시골에 계신 할머니가 한달음에 달려오셨어요.

"할머니, 안녕하세요?"

자람이가 먼저 현관에 나가 깍듯하게 인사를 하였어요. 하지만 할머니는 자람이는 본체만체하고, 범생이만 껴안고 뽀뽀하며 반가워하셨어요.

"어이구, 내 새끼 장하기도 하지. 우리 집 장손이 모범상을 받았다고? 어쩜 이렇게 어릴 때 제 아비하고 똑같누."

"할무니, 잘 있었쪄? 엄청청청 보고 시퍼쪄."

범생이는 연신 혀 짧은 소리를 하며 어리광을 피웠어요.

"어머니, 모범상은 범생이가 아니라 자람이가 받았어요."

"뭐? 자람이?"

"네, 제가 자람이
라고 말씀드렸잖아요.
하여튼 어머님은 늘 범생
이로 잘못 알아듣고 오해하
신다니까."

"에잇, 난 또 범생이라고. 그럼 범
생이는 상 못 탄 거야?"

할머니는 범생이가 못 받은 것이 속상한
모양인지 헛기침을 하셨어요. 그러자 자람이가
뾰로통한 목소리로 말했어요.

"할머니, 저는 상 받으면 안 돼요? 친구들이 추천해서 받은 상인데……."

"이왕이면 범생이가 받으면 좋지. 자고로 가문의 대를 이을 장손이 잘 되어야 하는 법이여."

"아이, 어머님도. 요즘이 어떤 시대인데 그런 말씀을 하세요? 범생이도 모범상을 탔으면 좋겠지만 범생이 대신 자람이가 상을 탔잖아요. 그게 얼마나 대단한 건대요. 반 친구들이 추천해서 받은 상이라 더 대단하지요."

엄마의 말에 할머니가 발끈 화를 내셨어요.

"어미, 혹시 자람이만 챙기는 거 아니냐? 어째 자람이만 상을 타고 범생이는 상을 못 타오냐."

할머니의 목소리가 날카로웠어요.

할머니의 눈에는 자람이는 안 보이고 범생이만 보이시나 봐요. 범생이의 말이라면 옳고 그름에 상관없이 무조건 편을 들어주셨어요. 그래서 범생이는 할머니만 오면 갓난아기라도 된 것처럼 어리광을 피웠어요.

깍듯 선생님의
한마디

"할무니, 엄청청청 보고 시퍼쪄."

범생이는 왜 이렇게 할머니한테만 혀 짧은 소리를 할까요? 그건 할머니께서 자신을 무척 예뻐하시는 걸 알기 때문이에요. 그래서 갓난아기처럼 어리광을 피우는 거예요.

범생이를 예뻐하시는 할머니는 범생이가 모범상을 받지 못하자 범생이를 안쓰러워하셨어요. 그래서 범생이를 더욱 애지중지하셨지요. 그런 할머니 앞에서 범생이는 아기처럼 굴었어요.

하지만 그런 범생이의 행동은 할머니에게는 귀여워보이지만 다른 사람에게는 버릇없는 아이로 보일 수 있어요. 세상 사람들이 모두 할머니처럼 무조건 범생이 편만 들어주는 것이 아니니까요.

행동이나 말을 할 때는 나이에 맞고 상황에 맞는지 먼저 생각하고 행동해야 해요.

예의 바른 인사말

예의 바른 인사말에 ○표를 하세요.

할머니, 안녕? ☐

할머니, 안녕하세요? ☐

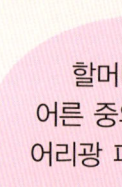
할머니는 아버지의 어머니예요.
어른 중의 어른이지요. 초등학생이라면
어리광 피우는 말투는 그만 해야겠지요.

외할아버지, 생신 축하드려요! ☐

외할아버지, 생일 축하해요! ☐

외할아버지는 어머니의 아버지예요.
어른들께는 친구에게 쓰는 '생일'이라는
말 대신 '생신'이라는 높임말을 써서
예의를 표해야 해요.

상황에 어울리는 인사말

상황에 어울리는 인사말을 찾아 선으로 이어보세요.

아침에 일어났을 때 •

식사할 때 •

학교에 갈 때 •

출근하시는 부모님께 •

잠자리에 들기 전 •

• 감사히 잘 먹겠습니다.

• 안녕히 주무셨어요?

• 학교 다녀오겠습니다.

• 안녕히 주무세요.

• 안녕히 다녀오세요.

무슨 어미가 이렇게 싸가지가 없어?

"우리 범생이 얼굴도 봤으니까 이 할미는 이제 시골에 내려갈란
다. 우리 똥돼지 밥 줘야 혀."

"안 가면 안 돼? 할머니는 나보다 똥돼지가 더 좋아?"

"물론 우리 장손이 가장 좋지. 하지만 내가 여기 있으면 똥돼지
들은 쫄쫄 굶어야 혀."

범생이는 자신의 이야기를 다 들어주고 이해해주는 할머니가 좋
았어요. 매일 야단치고 잔소리하는 엄마보다 "우리 장손 최고!"라
고 칭찬해주시는 할머니가 백 배 천 배 더 좋았어요.

하지만 그 기쁨도 잠시, 할머니가 시골로 내려가신 뒤부터 범생
이의 불행은 시작되었어요.

"할머니가 주신 용돈, 그거 엄마한테 맡겨."

"싫어. 이번에 새로 나온 게임기 살 거야."

"안 돼. 지금도 게임에 빠져서 공부도 안 하고 엄마 말도 안 들으면서……."

"그러니까 최신형으로 사주면 말 잘 듣겠다고!"

"엄마가 안 된다면 안 되는 거지, 왜 이렇게 떼를 써!"

"엄마 미워! 무슨 어미가 이렇게 싸가지가 없어?"

범생이가 소리를 꽥 지르자 엄마가 그 자리에서 얼어붙었어요.

무거운 침묵이 흘렀어요. 범생이는 뭔가가 크게 잘못되었다는 것을 깨달았어요. 엄마는 정말 화났을 때 입을 꾹 다물어버리거든요.

"너 지금 엄마한테 뭐라 그랬어?"

"자, 잘못했어요."

범생이는 평소에 부모님께 반말을 쓰다가도 잘못했을 때는 저절로 뒤에 '요'자를 붙여 존댓말을 썼어요.

"그게 엄마한테 할 소리야?"

엄마는 두 주먹을 불끈 쥐고 목이 터져라 고함을 질렀어요. 엄마의 목소리는 퇴근해 들어오는 아빠의 귀에까지 들어갔어요.

"딩동딩동."

범생이는 온몸이 덜덜 떨렸어요.

'난 이제 죽었다!'

깍듯 선생님의 한마디

범생이는 왜 엄마한테 혼났을까요? **어른들이 쓰는 말을 그대로 따라 썼기 때문이에요.**

'어미'는 '어머니'의 낮춤말로 시부모가 며느리를 부를 때 쓰는 말이에요. 윗사람이 아랫사람에게 쓰는 말인데, 범생이가 엄마에게 이런 말을 썼으니 엄마가 크게 화내실 만도 하지요.

어른이 아이에게 쓰는 말과 아이가 어른에게 쓰는 말은 다르답니다. 어른이 반말을 쓴다고 해서 아이들도 반말을 쓰면 안 돼요. 어른에게는 반드시 존댓말을 써야 하지요. 그런데 요즘 어린이들은 부모님께 말할 때 친구를 대하듯이 반말을 쓰더군요. 친근하게 보이기도 하지만 버릇없게 보이기도 합니다.

오늘 하루만이라도 부모님께 존댓말을 쓰는 것은 어떨까요? **존댓말을 쓰다 보면 그 안에 깃든 공경의 의미를 되새기게 되어 부모님에 대한 존경심이 더 커지게 된답니다.**

높임말 배우기 1

밑줄 그은 말을 상대를 높이는 말로 고쳐 쓰세요.

우리 <u>집</u>에 놀러 올래?

큰아버지 ☐ 에 놀러 가도 돼요?

내가 <u>말</u>해 볼게.

작은어머니께서 ☐ 하셨습니다.

희재야, <u>밥</u> 먹어.

할아버지, ☐ 드세요.

<u>병</u>에 걸려 학교에 못 왔어.

할머니 ☐ 은 어떠셔요?

동생의 <u>나이</u>는 다섯 살이에요.

외할아버지의 ☐ 는 88살입니다.

짱구야, <u>생일</u> 축하해.

외할머니의 ☐ 을 축하드려요.

정답 ★ 집-댁, 말-말씀, 밥-진지, 병-병환, 나이-연세, 생일-생신

높임말 배우기 2

① 밑줄 그은 말을 자기를 낮춰 상대를 높이는 말로 고쳐 쓰세요.

> 희재야, <u>내</u>가 잘못했어.

> 엄마, ☐가 잘못했어요.

> 친구야, 힘내! <u>우리</u>가 있잖아.

> 아빠, 힘내세요!
> ☐들이 있잖아요.

② 밑줄 그은 말을 상대를 높이는 말로 고쳐 쓰세요.

> <u>너에게</u> 편지를 썼어.

> 어머니☐ 편지를 썼어요.

> 야, 저기 친구가 <u>온다</u>.

> 야, 저기 아버지께서 ☐.

> 부모님처럼 가깝고 친근한 사이일수록 예의를 지켜야
> 그 관계가 오래갈 수 있습니다. 또한 부모님은 어른이시지요.
> 어른들께는 존댓말을 사용해서 예의를 표현하도록 합니다.

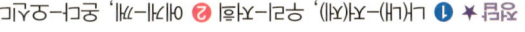

정답★ **①** 저가(제가), 우리(저희) **②** 어머니께, 오신다(오신다)

오늘은 꼭 칭찬받을 거야

"너, 오늘 어른들을 뵈면 '안녕하세요.' 인사 깍듯하게 해야 한다. 또 지난번처럼 쓸데없는 말해서 엄마 얼굴에 먹칠하기만 해봐!"

엄마는 범생이의 손을 꽉 잡고 다짐을 받았어요. 예전처럼 "와우. 아줌마, 엄청 섹시해요."라고 말해서 망신당하면 큰일이니까요.

"옛썰! 마마."

범생이는 군인처럼 힘차게 거수경례를 올려붙였어요.

"하여튼 대답은 시원시원하게 잘한다니까. 제발 오늘은 사고 치지 마라."

엄마는 또다시 신신당부를 하셨어요. 그도 그럴 것이 오늘은 별빛아파트 사람들이 모두 모여 한마음체육대회를 여는 날이거든요.

체육대회가 열리는 운동장에는 할머니와 할아버지들이 큰 나무 그늘에 돗자리를 펴고 앉아 계셨어요. 먼저 온 자람이는 놀이터에서 같은 반 친구인 고은이와 함께 그네를 타고 있었어요.

"범생아, 안녕? 너도 그네 타러 왔니?"

고은이가 상냥하게 인사말을 건네자 범생이는 주머니에

손을 찔러 넣은 채 퉁명스럽게 말했어요.

"그깟 그네, 너희나 타."

"칫, 언제는 태워달라고 조르더니."

"이 몸은 아주 아주 중요한 일이 있거든."

범생이가 횅하니 뒤돌아서 가버렸어요.

"자람아, 범생이 왜 저래?"

고은이가 황당해하자 자람이도 영문을 모르겠다는 듯 어깨를 으쓱해보였어요.

'그네 타는 것보다 지금은 인사하는 게 중요하거든.'

범생이는 오늘만큼은 엄마의 부탁대로 칭찬을 들으리라 작정하고 인사를 하러 다녔어요.

"아저씨, 안녕하세요?"

"범생이가 웬일이냐."

"할아버지, 안녕하세요?"

"뉘 집 아이인지 예의가 바른 아이구나."

인사를 할 때마다 어른들이 칭찬을 해주셨어요. 그러자 범생이의 기분은 하늘을 날 듯 좋았어요.

'아, 칭찬받는 맛이 바로 이런 거구나.'

어른들의 칭찬에 기분이 좋아진 범생이는 어른들을 만날 때마다 인사를 했어요.

깍듯 선생님의 한마디

"뉘 집 아이인지 예의가 참 바르구나."

이 말을 부모님이 듣는다면 기뻐하시겠지요? 여기서 '뉘 집 아이'라는 말은 참 중요해요.

옛 어른들은 아이가 예의 바른 것은 그 아이의 부모님이 평소에 가정교육을 잘했다고 생각했어요. 그래서 자식이 잘하면 부모가 칭찬을 받고 자식이 잘못하면 부모가 욕을 먹는 것이랍니다.

'자식은 부모의 얼굴이다.'라는 말처럼 나의 잘못된 행동으로 인해 부모님의 얼굴에 먹칠할 수 있으니 항상 조심하세요.

예의 바른 인사는 하던 일을 잠시 멈추고 상대방을 향해 바른 자세로 서서 상대방과 눈을 맞추고, 허리와 머리를 함께 숙여 밝은 표정과 또렷한 목소리로 인사합니다. 뛰어가면서 건성으로 인사를 하거나, 상대방의 얼굴을 바라보지 않고 말로만 하는 인사는 예의에 어긋나는 행동이에요.

이웃과 더불어 살기

이웃과 더불어 살기 위해 바르지 <u>못한</u> 것은 무엇인가요?

① 집 주변이나 마을은 어른들만 청소해요.

② 맛있는 음식이 생기면 이웃과 나눠 먹어요.

③ 동네 아이들과 다투지 않고 사이좋게 지내요.

④ 이웃을 만나면 서로 반갑게 인사를 나누어요.

⑤ 기쁠 때 같이 기뻐해주고 슬플 때 위로해주어요.

우리 옆집에는 누가 사나요?

인사를 나눈 적이 없다면 그 이유는 무엇일까요?

<u>이웃사촌</u>이라는 말은 비록 남이라도 서로 이웃하여

다정하게 지내면 사촌과 같이 가깝게 됨을 이르는 말이에요.

주변에 사촌보다 더 가깝게 지내는 이웃이 있나요?

① ★답정

이웃과 함께 살기

❶ 집 안에서 쿵쾅거리며 뛰어다니지 않는다.

❷ 밤늦게 피아노를 치거나 큰 소리로 노래를 부르지 않는다.

❸ 애완동물과 산책을 할 때는 목줄을 하고, 배설물을 처리할 비닐 봉지를 준비한다.

❹ 쓰레기는 정해진 장소에 버린다.

❺ 대문 앞이나 사람이 다니는 통로에 물건을 쌓아두지 않는다.

❻ 주차장에 자전거를 세워 두지 않는다.

❼ 물건을 빌렸을 때는 사용 후 바로 돌려준다.

❽ 이웃 어른을 만나면 밝은 목소리로 인사한다.

❾ 눈살을 찌푸리게 하는 노출이 심한 옷이나 잠옷을 입고 밖에 나가지 않는다.

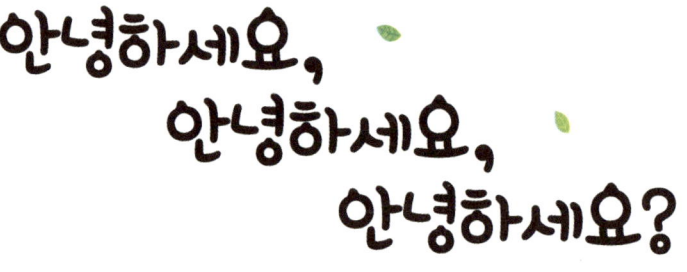

안녕하세요,
안녕하세요,
안녕하세요?

"아저씨, 안녕하세요?"

"너, 아까 인사했잖아. 무슨 인사를 두 번씩이나 하니? 그놈 참 싱겁네."

"헤헤."

범생이는 이웃 어른들을 만날 때마다 계속 인사를 했어요. 그 재미에 시간 가는 줄 몰랐어요.

"꼬르륵."

배꼽시계가 밥을 달라고 아우성이었어요. 범생이는 부녀회 아주머니들이 음식을 만들고 있는 천막으로 뛰어갔어요.

"아주머니, 안녕하세요? 안녕하세요?"

"아이고, 귀청 떨어지겠네. 기차 화통을 삶아먹었나 인사 한번 요란하게 한다."

아주머니들이 깔깔깔 웃으며 칭찬을 해주자 옆에서 함께 음식을 만들던 엄마의 얼굴에도 웃음꽃이 활짝 피어났어요.

　배부르게 점심을 얻어먹고 칭찬까지 듬뿍 받은 범생이는 또 인사를 하러 다녔어요. 하지만 두 번까지는 인사를 잘 받아주던 어른들이 세 번째가 되자 인상을 찌푸렸어요. 그래도 엄마가 당부한 말이 떠올라 범생이는 어른들을 만날 때마다 인사를 했어요.

　"할아버지, 안녕하세요?"

　"어, 이 녀석이 또 인사를 하네. 넌 어른을 만날 때마다 인사를 해야 한다고 생각하니?"

　"네, 엄마가 인사를 잘하라고 하셨거든요."

　"너희 엄마 어디 있냐?"

"저쪽 천막 아래에서 음식을 만들고 있어요."

범생이는 신이 났어요. 인사를 잘해서 칭찬해주려는 거 같았어요. 범생이는 휘휘휘~ 휘파람을 불었어요.

"이 아이의 엄마요?"

할아버지가 퉁명스럽게 묻자 엄마의 눈이 동그래졌어요.

"네, 그런데요?"

"아니 무슨 인사를 그렇게 하라고 가르칩니까? 인사를 한 번만 하면 됐지, 왜 만날 때마다 '안녕하세요, 안녕하세요, 안녕하세요.' 합니까? 어른을 놀리는 겁니까 뭡니까?"

"아, 죄송합니다. 앞으로는 절대 그런 일이 없도록 예절교육을 잘하겠습니다. 죄송합니다."

엄마는 머리를 조아리고 또 조아렸어요. 엄마의 얼굴이 홍당무처럼 빨개졌어요.

"범생이 너 또!"

범생이는 엄마가 왜 마귀할멈처럼 화를 내는지 도무지 알 수 없었어요.

이걸 어쩌죠. 범생이가 칭찬받으려 노력한 것이 오히려 혼나는 결과를 낳았네요.

우리는 이런 일들을 흔히 겪는답니다. 바쁜 엄마를 도와드리려고 설거지를 하다가 접시를 깨뜨린다든지, 밤늦게 일하시는 아빠에게 커피를 갖다드리다 서류에 쏟아서 혼이 나는 그런 일들 말이에요.

범생이는 엄마의 말씀대로 열심히 인사를 했는데 무엇이 잘못된 것일까요? 그건 똑같은 인사라도 상황에 따라 인사법이 달라진다는 사실을 몰랐기 때문이에요. 그래서 두 번, 세 번 인사를 한 것이지요.

하루에도 몇 번씩 만나는 이웃 어른을 보면 어떻게 인사를 해야 할지 고민한 적이 있었을 거예요. 이럴 때는 조금 전에 만났을 때 인사를 했기 때문에 다시 만났을 때에는 고개만 숙여 인사하면 된답니다. 알고 나니까 참 쉽죠?

어른의 말투를 따라 하면 안 돼요

옆집 아주머니께서 사과를 주셨어요. 나는 어떻게 인사해야 할까요?

① 감사합니다.

② 뭘 이런 걸 다.

③ 맛있겠다!

④ 그냥 받는다.

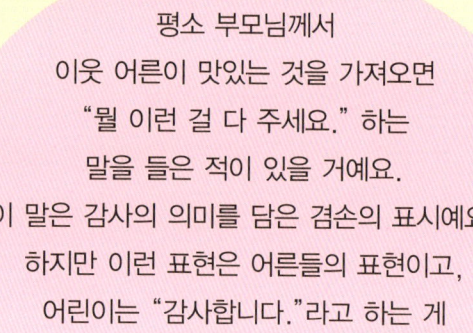

평소 부모님께서
이웃 어른이 맛있는 것을 가져오면
"뭘 이런 걸 다 주세요." 하는
말을 들은 적이 있을 거예요.
이 말은 감사의 의미를 담은 겸손의 표시예요.
하지만 이런 표현은 어른들의 표현이고,
어린이는 "감사합니다."라고 하는 게
옳답니다.

① ★ 답정

때와 장소에 따라 인사법이 달라져요

똑같은 인사라도 상대방이나 때와 장소에 따라 다르게 해야 해요. 그렇지 않으면 예의를 지키려고 한 인사가 도리어 예의에 어긋난 행동이 될 수 있어요.

❶ 동네 어른을 하루에 여러 번 만났을 때
조금 전에 인사말을 하였으므로 다시 만났을 때에는 고개만 숙여 인사한다.

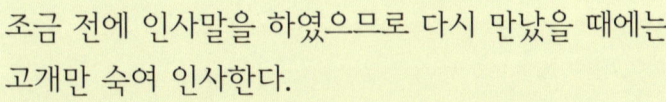

❷ 목욕탕에서 선생님을 만났을 때
목욕탕 안에서 크게 소리 내어 인사를 하면 다른 사람에게 방해될 수 있고, 목욕탕이라는 특수한 상황이라 서로 쑥스러울 수 있기 때문에 말없이 고개만 숙여 예의를 갖춘다.

❸ 조용한 피아노 연주회에서 친구를 만났을 때
연주회에서 큰 소리로 인사를 하면 주위 사람들에게 피해를 줄 수 있으므로, 소리를 내지 않고 눈짓만 주고받고, 음악회를 마친 다음 만나서 인사한다.

에티켓이 내 얼굴이라고?

아프리카 새깜둥이
세수하나 마나

"자람아, 오빠 잘 감시해야 해."
"쳇, 내가 뭐 어린앤가."
엄마의 말에 자존심이 상한 범생이가
먼저 현관문을 박차고 나갔어요.

"오빠, 같이 가야지. 혼자 가면 어떡해."

"그렇게 느려서 감시를 잘하시겠어요?"

범생이는 냅다 뛰기 시작했어요. 별빛아파트와 마주 보고 있는 학교는 5분이면 충분히 가고도 남는 거리에요.

범생이는 교문에 들어서자마자 책가방을 내팽개쳤어요.

"오빠, 교실로 들어가야지 축구를 하면 어떡해?"

"아직 종도 안 쳤는데 뭐 어때?"

"엄마한테 이른다."

"맘대로 해라, 이 고자질쟁이야."

"엄마한테 혼나도 나 몰라!"

그러면서도 자람이는 범생이의 가방까지 짊어지고 교실로 들어갔어요.

"두리야, 여기로 패스해!"

"자, 간다!"

두리가 범생이 쪽으로 길게 패스해준 공이 축구 골대를 맞고 튕겨 나가 저 멀리 화단 쪽으로 달아나버렸어요.

"어? 축구공이 어디로 갔지?"

"그러게. 분명히 이쪽으로 굴러갔는데……."

그때였어요. 얼굴부터 발끝까지 온통 새카만 남자가 축구공을 들

고 나타났어요.

"Could you point out the school office to me?"

영어 울렁증이 있는 범생이와 두리는 아무 말도 못 하고 자리에 그대로 얼어붙고 말았어요.

"자식들, 긴장하기는……. 잘 봐. 이럴 땐 이렇게 말하는 게 최고야."

대기가 어깨를 으쓱이며 영어로 대답했어요.

"I don't know."

"Thank you."

새카만 남자가 인사를 하고 떠나자 대기는 더욱더 의기양양해졌어요.

"난 아프리카 사람하고도 대화가 통하는 사람이야. 어때 멋지지? 하하하."

"난 그 사람 얼굴이 무척 까매서 숯검정을 칠한 줄 알았어."

"그래서 이런 말도 있잖아. '아프리카 새깜둥이 세수하나 마나'라고. 하하하."

개구쟁이 삼총사는 배꼽이 빠져라 큰 소리로 웃었어요.

깍듯 선생님의 한마디

"아프리카 새깜둥이 세수하나 마나."

이 말에는 아프리카 사람들에 대한 편견이 들어있어요. 피부색이 새까맣고, 가난한 나라에 살아서 무시해도 된다는 그런 편견 말이지요.

가슴에 손을 얹고 생각해보세요. 같은 외국인이라도 새하얀 피부를 가진 사람과 새까만 피부를 가진 사람을 차별하지는 않았는지 말이에요. 입장을 바꿔놓고 생각해볼까요?

만약 본인이 부모님을 따라 외국에서 살게 되었다고 가정해봐요. 그 나라 사람들이 피부색이 노랗고, 자신들보다 가난한 나라에서 왔다고 무시한다면 기분이 어떨까요? 아마 더는 그 나라에서 살고 싶은 마음이 없어질 거예요.

피부색과 상관없이 인간은 누구에게나 존중받을 권리가 있어요. 외국인들의 인권을 존중하면서 함께 어울려 생활하는 것이 다문화사회를 사는 사람들의 올바른 태도랍니다.

인권은 소중해요

인권은 누구에게 있다고 생각하나요? 바른 생각을 하는 사람을 찾아 ○표를 하세요.

내가 가장 예쁘니까 나만 인권이 있어.

공부를 잘 하니까 나만 인권이 있어.

힘이 세니까 나만 인권이 있어.

나뿐만 아니라 모든 사람에게 인권이 있어.

한국인이 오해하기 쉬운 외국인의 행동

마법의 에티켓

한국인	외국인
	식사를 할 때 젓가락과 함께 숟가락을 사용한다.	숟가락은 수프를 먹을 때만 쓴다.
	다른 사람들 앞에서 코를 풀면 무례한 행동으로 여긴다.	식사 중이라도 코를 푼다. 그리고 나서 사과를 한다.
	어른의 이름을 부르는 것은 무례한 행동으로 큰 실례가 된다.	나이에 상관없이 이름을 부르는 것은 친밀한 관계를 의미한다.

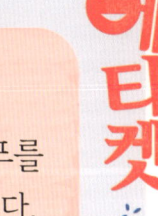

피부색이 다르다고 차별하지 마세요

찌릿!

앞서가던 새카만 남자가 갑자기 뒤를 돌아보았어요. 순간 세 아이들은 심장이 멎는 듯했어요.

"혹시 우리 말을 알아들은 거 아냐?"

"설마, 그럼 우리한테 영어로 물어봤겠냐?"

대기는 행여나 자신의 목소리가 들리기라도 할까 봐 귓속말로 속닥였어요.

새카만 남자는 다시 되돌아서 현관 쪽으로 걸어갔어요. 그제서야 범생이는 안도의 한숨을 쉬며 가슴을 쓸어내렸어요.

　"딩동댕동~."

　1교시 시작을 알리는 종이 울렸어요.

개구쟁이 삼총사는 재빨리 교실로 뛰어 들어갔어요. 다행히도 선생

님은 아직 오시지 않았어요.

　"역시 하늘은 우리 편이라니까."

　개구쟁이 삼총사는 큰일이라도 해낸 듯 요란하게 손바닥을 마주

쳤어요.

　"드르륵~."

　앞문이 열리자 개구쟁이 삼총사는 화들짝 놀랐어요. 담임선생님

옆에 아까 운동장에서 본 새카만 남자가 서 있었기 때문이에요.

　"앗, 아프리카 새깜둥이다!"

범생이가 크게 외치자 선생님이 화를 내셨어요.

"아프리카 새깜둥이라니! 그건 심각한 언어폭력이에요. 피부색이 노랗다고 노랑둥이라고 놀리고, 하얗다고 흰둥이라고 놀리면 좋겠어요? 그리고 이 분은 미국에서 오셨어요. 여러분에게 영어를 가르쳐주실 원어민 선생님이세요."

선생님의 소개에 새카만 남자가 이를 활짝 드러내며 웃었어요. 새하얀 이가 무척 인상적이었어요.

"얘들아, 안녕! 난 죠나단이라고 해."

아이들은 깜짝 놀랐어요.

"어, 한국말 할 줄 아시네요?"

"내 아내가 한국 사람이거든."

"그럼 우리가 하는 말을 다 알아듣겠네요?"

"당연하지. 그러니까 아프리카 새깜둥이라고 놀리면 안 돼요."

새카만 남자가 개구쟁이 삼총사를 향해 한쪽 눈을 찡긋해보였어요. 아이들은 영어 선생님이 재미있다며 깔깔깔 웃었지만, 개구쟁이 삼총사는 도저히 웃을 수가 없었어요.

깍듯 선생님의 한마디

통계청 자료를 보면 우리나라에 거주하는 외국인은 144만 5천여 명이라고 해요.

중국 사람(53.7%)이 가장 많고, 베트남(12.2%), 미국(4.8%), 파키스탄, 스리랑카 순으로 많다고 해요. 그 외 나라로는 일본, 태국, 몽골, 우즈베키스탄, 대만, 동티모르, 가나, 알제리 등 많은 나라가 있어요.

이렇게 세계 여러 나라의 사람들이 함께 살고 있는데 가난한 나라에서 왔다고 무시하는 것은 옳은 행동이 아니에요. 그들과 우리는 틀린 게 아니라 다른 거예요. '틀리다' 라는 것은 상대방을 인정 못 하는 것이고, '다르다' 라는 것은 상대방에 대한 존중의 의미가 포함되어 있어요. 그래서 '틀리다' 라는 표현 대신 '다르다' 라는 표현을 써야 해요.

우리나라에 사는 외국인들과 잘 어울려 지내는 최고의 방법은 우리나라 사람을 대하듯, 똑같이 친절하게 대하면 된답니다.

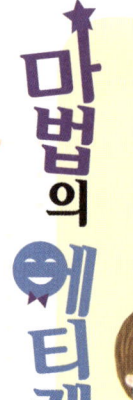

세계 여러 나라의 인사법

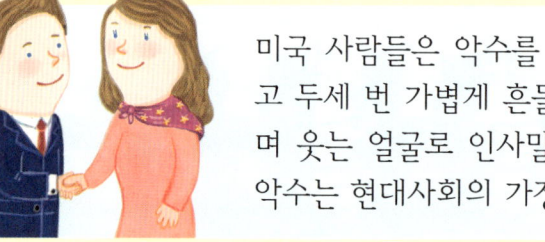

미국 사람들은 악수를 해요. 상대방의 손을 잡고 두세 번 가볍게 흔들어요. 이때 눈을 마주치며 웃는 얼굴로 인사말을 건네면 더욱 좋아요. 악수는 현대사회의 가장 일반적인 인사랍니다.

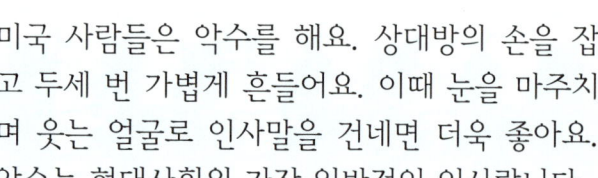

프랑스, 이탈리아, 스페인과 지중해 연안의 나라에서는 주로 양쪽 뺨에 키스해요. 하지만 연인 사이가 아니라면 소리만 내고 실제 키스는 하지 않는다고 해요.

인도 사람들은 두 손을 공손하게 가지런히 모으고 인사를 해요. 우리나라에서 스님들이 합장하며 인사하는 방법과 비슷해요.

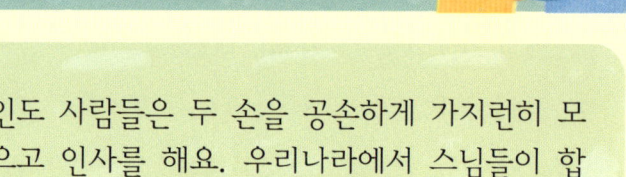

멕시코 사람들은 서로 껴안으며 인사해요. 상대방에게 가까이 다가가서 서로를 힘껏 껴안아요. 그러고는 큰 소리로 반가움을 나타내요.

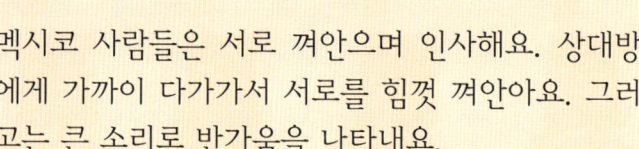
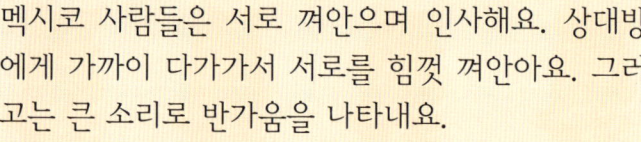

마법의 에티켓

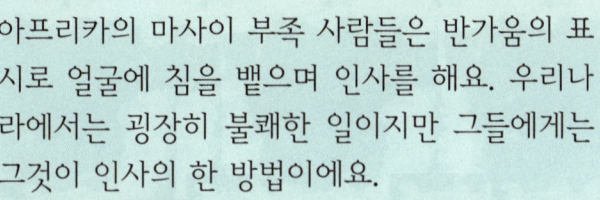

사우디아라비아 사람들은 뺨을 대며 인사해요. 상대방에게 다가가서 서로의 뺨을 가볍게 대고 서로의 어깨를 두드리며 반가움을 표현해요.

아프리카의 마사이 부족 사람들은 반가움의 표시로 얼굴에 침을 뱉으며 인사를 해요. 우리나라에서는 굉장히 불쾌한 일이지만 그들에게는 그것이 인사의 한 방법이에요.

뉴질랜드의 마오리족은 손님을 환영할 때 코를 두 번씩 비비는 코인사를 해요. 지금도 마오리 민속촌을 방문하면 방문객들에게 코인사를 하며 반겨준다고 해요.

에스키모 사람들은 반갑다는 뜻으로 서로의 뺨을 쳐요. 친할 사이일수록 세게 친다고 해요.

그 유명한 브랜드도 모르다니

"이거 런닝맨에서 아이돌이 신었던 그 신발 맞지?"

"대박! 그럼 이게 그 유명한 명품 드래곤?"

"엄청 비쌀 텐데……. 예인아, 부럽다!"

몇몇 남자아이들이 연예인이 신고 온 신발을 구경하며 호들갑을 떨었어요. '연예인과 팬클럽'이라 불리는 아이들이었어요.

그 곁에서 구경하던 범생이가 물었어요.

"용? 그게 뭔데?"

"촌스럽게 용이 뭐냐? 드래곤이지."

연예인이 어이없다는 듯 핀잔을 주자 다른 아이들도 한마디씩 거들었어요.

"헐, 그 유명한 브랜드를 모르다니……."

"그럼 프린스는 아니? 노블은? 키즈퀸은? 설마 처음 들어보는 건 아니겠지?"

'연예인과 팬클럽' 아이들이 범생이를 한껏 비웃었어요.

'드래곤, 프린스, 노블, 키즈퀸'이 영어 단어인 줄만 알았지 신발을 만드는 브랜드라는 것을 처음 안 범생이의 얼굴이 홍당무처럼

빨개졌어요.

"너, 이 신발이 얼마인 줄 알아?"

연예인이 으스대며 말했어요.

"어, 한 2만 원 정도……."

"뭐, 2만원? 지나가던 강아지가 웃겠다. 이건 그보다 20배는 더 비싼 신발이야."

"뭐, 20배?"

"저 놀라는 얼굴 좀 봐라, 하하하. 너하고는 수준이 안 맞아서 못 놀겠다. 얘들아, 우리 다른 데 가서 놀자."

많은 아이 앞에서 놀림을 당한 범생이는 속이 상했어요. 아무렇지도 않게 신고 다녔던 자신의 신발이 초라하게 느껴졌어요.

"쟤들은 원래 저런 맛에 학교 오잖아. 신경 쓰지 마. 우린 저렇게 비싼 운동화 안 신어도 운동만 잘하잖아."

두리가 옆에서 위로해주었지만 쪼그라든 범생이의 마음은 펴지지 않았어요. 솔직히 그 신발은 범생이가 무척 갖고 싶었던 신발이었거든요.

깐듯 선생님의 한마디

비싼 신발을 신어야만 멋지고, 저렴한 신발을 신으면 못나 보이는 걸까요?

겉모습만으로 판단하는 사람은 내면의 아름다움을 볼 줄 모르는 사람이에요. 청렴하기로 소문난 조선시대의 정승 맹사성을 몰라본 고을 원님처럼요.

맹사성을 맞이하기 위해 닦은 길에 소를 탄 허름한 차림의 사람이 지나가자 고을 원님은 화를 냈어요. 다른 벼슬아치들은 관복 차림으로 거창하게 행차를 했기 때문에 그 사람이 맹사성일 거라 상상도 못 한 거죠. 뒤늦게 맹사성을 알아본 원님은 부끄러워 고개를 들지 못했어요.

여러분들은 고을 원님처럼 겉모습만으로 사람을 판단하는 어리석은 사람이 되지 말아야겠지요?

단정한 옷차림

사람의 겉모습만 보고 불친절하게 대한 적은 없었나요? 옷차림이 화려하면 잘 대해주고, 초라하다고 무시하면 낭패를 볼 수 있어요.

옷차림은 남의 눈살을 찌푸리지 않을 만큼 단정하게 입으면 된답니다. 단정한 옷차림은 바른 몸가짐의 바탕이 되기 때문에 다른 사람에게 좋은 인상을 줄 수 있어요.

❶ 자기 몸에 잘 맞는 옷을 입는다.

❷ 옷을 깨끗하게 빨아서 입는다.

❸ 때와 장소에 알맞은 옷차림을 한다.

❹ 자신의 개성을 살릴 수 있는 옷을 입는다.

마음을 편안하게 하는 표정

마법의 에티켓

사람의 인상은 표정에서 가장 먼저 나타나요. 다른 사람의 마음을 편안하게 하는 표정을 연습해 보세요.

❶ 눈은 곱게 뜨고 시선은 부드럽게 한다.
❷ 눈동자를 많이 움직이지 않는다.
❸ 이야기하는 사람과 눈을 맞추고 고개를 끄덕인다.
❹ 아래위로 훑어보거나 흘끔흘끔 보지 않는다.
❺ 다른 사람 앞에서 시계를 자주 보지 않는다.

❶ 입은 자연스럽게 다물되 힘주지 않는다.
❷ 혀를 내미는 행동은 경솔해 보이므로 하지 않는다.
❸ 입 안에 음식물을 넣고 말하면 불쾌감을 줄 수 있으므로 입 안의 음식을 다 먹은 후 이야기한다.
❹ 거울을 보면서 웃는 표정을 연습한다.

모범생은 연예인의 짝퉁

"엄마, 나도 드래곤 운동화 사줘!"

"뭐, 드래곤? 그런 브랜드도 있니?"

"네, 런닝맨에 나온 아이돌이 신었던 운동화야."

"그런 신발은 유명 스타나 신는 거야."

"아니야, 우리 반 애들도 신었단 말이야."

"그거 꽤 비쌀 텐데?"

"40만 원 정도 한대."

"뭐? 4만 원도 아닌 40만 원이라고?"

"응, 예인이가 그 신발을 신고 얼마나 잘난 체를 많이 하는지. 나도 사 줘."

"그렇게 비싼 신발을 어떻게 사니? 네 운동화 하나 사고 나면 우리 식구들 보름 동안 쫄쫄 굶어야 해."

"난 괜찮아. 보름 동안 밥 안 먹어도 돼. 그 신발 꼭 신고 싶단 말이야."

범생이가 계속 조르자 엄마는 한숨을 쉬며 거실로 나왔어요.

'명품 이야기 안 하던 애가 얼마나 부러웠으면 저럴까?'

엄마는 한참을 생각했어요. 그러고는 조용히 밖으로 나갔어요. 한참 뒤에 집으로 돌아온 엄마의 손에는 연예인이 신었던 운동화랑 똑같은 운동화가 들려 있었어요.

"앗싸, 엄마 최고!"

울상이던 범생이의 얼굴이 단박에 환해졌어요.

범생이는 운동화를 신고 또 신어보았어요. 학교에 가서 자랑할 생각에 잠이 오지 않았어요.

다음 날, 범생이가 교실에 들어서자 남자아이들이 우르르 몰려들었어요.

"어, 예인이랑 똑같은 운동화네."

"범생이가 신으니까 훨씬 멋지다!"

아이들의 말에 기분이 상한 연예인이 톡 쏘아붙였어요.

"그거 짝퉁이야. 자세히 잘 봐. 드래곤(dragon)이 아니고 드래군(dragun)이잖아. 그건 가짜야."

가짜라는 말에 남자아이들이 빈정거렸어요.

"정말. 드래곤이 아니고 드래군이네!"

"그럼 연예인의 짝퉁은 모범생! 하하하."

남자아이들의 놀림에 범생이는 몸 둘 바를 몰랐어요. 어제 2만 원짜리 운동화를 신었을 때보다 더 부끄러웠어요.

깍듯 선생님의 한마디

요즈음 학생들의 옷차림을 보면 인기 연예인들의 옷차림을 그대로 따라 하는 경우가 많아요. 연예인이 방송에 입고 나왔던 비싼 옷과 신발, 가방, 액세서리 등을 착용해 본인이 연예인인 것처럼 행동하지요.

예뻐 보이거나 멋있어 보일 수 있겠지만, 그런 차림은 화려하게 보여야 할 방송에 적합한 옷차림이랍니다. 연예인들의 옷차림을 무작정 따라 하기보다 자신만의 개성이 돋보이는 옷차림을 해보세요. 연예인 못지않게 멋있을 거예요.

첫째. 자신에게 어울리는 옷을 입어요.

둘째. 너무 화려하지 않게 입어요.

셋째. 무조건 유행을 따라 하지 않아요.

연예인은 연예인답게, 학생은 학생답게 입어야 그 차림이 더욱 돋보이는 법이랍니다.

장소에 어울리는 옷 입기

학교에 갈 때	활동하기 편한 옷을 입고 운동화를 신는다. 운동복은 체육수업이 있는 날에만 입는다.
공연장에 갈 때	예의를 갖춰 최대한 깔끔하게 입는다. 또한 슬리퍼처럼 소리가 날 수 있는 신발은 신지 않는다.
현장학습을 갈 때	학교 밖으로 학습을 갈 때는 치마나 구두처럼 행동에 제약을 받을 수 있는 옷차림은 피한다.
친구 집에 놀러 갈 때	평소 옷차림에 양말을 꼭 신는다. 양말을 신지 않으면 단정해 보이지 않고, 다른 사람에게 불쾌감을 줄 수 있다.

단점을 보완하는 옷 입기

키 커 보이게 입기

많은 색보다는 두 가지 색깔 정도로 통일해 입으면 키가 커 보이는 효과를 얻을 수 있다. 신발도 비슷한 색으로 맞춘다.

비율 맞춰 입기

여자아이들의 경우 상의와 치마 비율을 1:1로 맞추면 날씬하게 보인다.

목이 길어 보이게 입기

티셔츠를 입을 때 목 부분이 V자 모양인 옷을 입으면 노출되는 부분이 많아져 목이 길어 보인다.

적당히 몸에 붙게 입기

뚱뚱하다고 헐렁한 옷을 입으면 오히려 더 뚱뚱해 보일 수 있다. 적당히 몸에 붙는 옷을 입는다.

먹을 때는 개도 안 건드린다는데

"엄마, 빨리 밥 줘!"

배가 무척 고팠던 범생이는 오늘 저녁반찬이 무엇일지 기대가 되었어요. 하지만 식탁 위에 차려진 음식을 보는 순간 이만저만 실망이 아니었어요.

매생이떡국, 파래무생채, 미역줄기볶음, 톳두부무침, 다시마쌈…… 범생이가 싫어하는 해초로 만든 반찬만 가득했어요.

"범생아, 왜 밥만 먹어. 반찬도 같이 먹어야지."

"먹을 게 하나도 없잖아."

"반찬이 이렇게 많은데 먹을 게 없다는 게 말이 돼?"

"해초는 미끄덩거려서 이상해."

"이상하긴 뭐가 이상해. 그럼 해초를 먹는 사람들은 다 이상한 거야? 빨리 먹어!"

엄마가 범생이를 다그치자 아빠가 나지막이 말했어요.

"그만해. 먹을 때는 개도 안 건드린다는데……."

"반찬은 하나도 손 안 대고 밥만 먹잖아요. 고기가 나오면 두세 그릇씩 먹는 애가 저러니까 화가 나잖아요. 어휴, 자람이처럼 골고

루 먹으면 얼마나 좋아요. 범생이가 갈수록 반찬 투정이 심해져서 안 되겠어요. 이번 기회에 편식하는 버릇을 단단히 고쳐야겠어요."

엄마는 비장한 결심을 한 듯 다시 범생이를 다그쳤어요.

"매생이 떡국은 왜 안 먹어!"

"머리카락을 풀어놓은 것 같아서 이상해."

"먹기 싫은 이유도 가지가지구나. 몸에 좋은 거니까 빨리 먹어!"

"우웩!"

"어디 음식 앞에서 헛구역질이야. 이제 그런 수법 안 통해."

"엄마, 이번만 안 먹으면 안 돼?"

"안 돼. 오늘은 꼭 먹어야 해."

엄마가 독사 눈을 하고 지켜보고 있어서 범생이는 억지로 먹기 싫은 반찬을 먹어야 했어요. 쓴 약을 먹을 때처럼 눈을 질끈 감고 꿀꺽 삼켜버렸어요.

화기애애해야 할 저녁 밥상이 화기애매한 밥상이 되고 말았어요.

깍듯 선생님의 한마디

편식은 음식을 가려서 특정한 음식만 먹는 것을 말해요. 그럼 왜 편식이 좋지 않을까요?

편식을 하게 되면 우리 몸에 충분한 영양소가 공급되지 않아 병에 걸리기 쉽고, 한창 성장해야 할 시기에 영양이 부족해 성장을 제대로 할 수 없게 돼요. 또, 영양 불균형으로 인해 신경질과 짜증을 잘 내어 친구 사이가 안 좋아질 수도 있지요.

그래서 **맛있다고 좋아하는 고기만 먹거나, 살을 뺀다고 채소만 먹는 편식은 몸과 마음의 건강까지 해칠 수 있어요.**

모든 것은 생각하기에 따라 달라진다는 말이 있어요. 보기에 이상하게 생겼다고 맛도 이상한 것은 아니랍니다. 먹기도 전에 맛없다고 단정 짓기보다는 먼저 맛을 보고 그 맛을 감상해 보는 건 어떨까요?

우리 몸을 튼튼하게 해주는 5대 영양소

지방 땅콩, 버터, 식용유
적은 양으로도 힘을 나게 해요.

무기질 우유, 치즈
우리 몸의 기능을 조절해요.

단백질 고기, 생선, 달걀, 콩, 두부
생명의 유지와 성장에 꼭 필요해요.

비타민 및 무기질 과일, 채소
우리 몸이 피곤하지 않게 해요.

탄수화물 밥, 빵, 감자, 고구마
힘을 나게 해요.

〈식품구성탑〉

맛있게 골고루 먹기

마법의 에티켓

오늘은 내가 요리사
좋아하는 음식에 싫어하는
재료 한두 가지를 넣어
직접 요리를 한다.
재료를 직접 만지면
거부감을 없앨 수 있다.

신체 활동을 많이 한다
많은 신체 활동으로
에너지를 쓰면 소화도 잘 되고,
밥도 맛있게 먹을 수 있다.
이때 좋아하지 않는 음식도
조금씩 먹어본다.

먼저 먹어보고 평가한다
생긴 모양이나 색깔 때문에
먹지 않는 음식이 있다면
직접 먹어보고
맛을 평가한다.

모든 반찬을 조금씩이라도 먹는다
식사를 할 때 나온 반찬은
적은 양이라도 꼭 먹어
그 맛에 익숙해지도록
노력한다.

지렁이가 입 속으로 들어간 느낌이야

"자람아, 오늘 오빠가 점심을 골고루 먹는지 잘 감시해야 해. 지난번처럼 봐줬다가는 너도 혼날 줄 알아!"

엄마의 단호한 부탁에 자람이의 입장이 이만저만 곤란한 게 아니었어요.

범생이는 온갖 신의 이름을 부르며 기도를 하였어요.

"존경하는 하나님, 부처님, 마호메트님, 오늘 급식에 제발 제가 싫어하는 반찬이 나오지 않게 해주세요."

범생이의 간절한 기도 덕분일까요? 오늘 급식 반찬에 해초는 없었어요.

"앗싸, 내가 좋아하는 어묵조림, 맛김, 제육볶음이다!"

하지만 환호성도 잠시, 범생이의 얼굴이 사색이 되었어요.

"오 마이 갓! 내가 싫어하는 미역국이야. 어떡해?"

"뭘 어떡해? 먹어야지. 봐주고 싶지만 그렇게 하면 엄마한테 나까지 혼나거든. 오빠, 나 먹는 거 잘 봐."

자람이는 호르륵 호르륵 소리를 내며 미역국을 맛있게 먹었어요.

범생이도 자람이를 따라 미역국을 입 속으로 떠넣었어요. 하지만 아무리 삼키려고 해도 넘어가지 않았어요. 입 안에 미역이 가득찬 범생이는 이러지도 저러지도 못했어요. 그래서 얼른 화장실로 뛰어가 미역을 모두 뱉어내었어요.

아무 일도 없었다는 듯 제자리로 돌아오자 자람이가 다 알고 있다는 듯 범생이를 채근했어요.

"오빠, 화장실 가는 척하고 다 뱉어냈지?"

"아냐, 오줌 누러 간 거야."

"거짓말하지 마. 연예인이 다 봤대."

"미역이 넘어가지를 않아. 미끄덩미끄덩 꼭 지렁이가 입 속에 들어간 느낌이란 말이야."

"오빠는 지렁이를 먹어보기나 하고 그런 소리를 하는 거야?"

"그런 건 아니지만 그만큼 기분이 나쁘단 말이야."

"자꾸 못 먹겠다고 생각하니까 그렇게 느껴지는 거야. 똑같은 해초인데 김은 엄청 좋아하잖아. 미역을 김이라고 생각하면 돼."

"알았어. 앞으로 먹어보려고 노력할게. 그러니까 엄마한테는 이르지 마."

"대신 다음에는 조금이라도 먹어야 해. 자, 약속!"

자람이가 새끼손가락을 내밀자 범생이도 어쩔 수 없이 새끼손가락을 내밀었어요.

깍듯 선생님의 한마디

음식은 맛을 느끼기 전에 눈으로 보고, '맛없겠다.'라고 생각하면 정말 맛이 없지요. 이처럼 모든 것은 마음먹기 나름이에요.

신라 시대 때 당나라로 유학을 가던 원효대사는 밤이 늦어 동굴 안에서 잠을 자게 되었어요. 새벽에 목이 말라 잠에서 깬 원효대사는 어둠 속에서 물을 맛있게 마시고, 다시 잠이 들었어요. 다음 날 원효대사는 깜짝 놀랐어요. 어젯밤 자신이 마셨던 물은 해골에 고인 썩은 물이었어요.

"어젯밤에는 그토록 달던 물이 썩은 물인 걸 알고 나니 괴롭군. 기쁨과 괴로움은 마음먹기 나름이구나."

큰 깨달음을 얻은 원효대사는 신라 최고의 승려가 되었어요.

우리의 식사 예절

① 어른이 먼저 숟가락을 들고 식사하는 것을 본 후에 식사를 시작한다.

② 식사를 마쳤더라도 어른보다 먼저 일어나지 않는다.

③ 양손에 숟가락과 젓가락을 들고 동시에 사용하지 않는다.

④ 상을 두들기거나 숟가락이 그릇에 부딪혀서 소리가 나지 않게 한다.

⑤ 밥상 위에 팔꿈치를 고이거나 턱을 괴지 않는다.

⑥ 좋아하는 반찬을 독차지하거나 반찬 투정을 하지 않는다.

⑦ 음식을 다 먹은 후에는 수저를 처음 위치에 가지런히 놓는다.

⑧ 식사 후에는 맛있게 잘 먹었다는 인사를 하고, 빈 그릇을 정리한다.

친구 집을 방문했을 때 지켜야 할 예절

❶ 어른께 공손히 인사한다.

❷ 실내에 들어갈 때는 외투와 모자를 벗고, 바닥을 더럽히지 않도록 신발과 발바닥을 깨끗이 한다.

❸ 친구 방으로 가서 방문 목적에 맞게 행동한다.

❹ 이 방 저 방 기웃거리거나 남의 물건을 만지지 않는다.

❺ 화장실에 가고 싶을 때는 안내를 받아 다녀온다.

❻ 친구에게 본의 아닌 실수를 했을 때는 "미안해"라는 말로 사과한다.

❼ 음식이 나오면 주인이 권할 때 천천히 먹는다.

❽ 너무 늦은 시간까지 머무르지 않고, 방문 목적을 마치면 뒷정리 후 집에 온다.

난 백장미! 나도 백장미!

"여자아이들만 대답해라. 우리 반 남자아이들 중에서 누가 제일 잘생겼냐?"

느닷없는 왕수다의 물음에 여자아이들은 재미있다며 너도나도 큰 소리로 대답했어요. 최우수의 귀에 들리기를 기대하면서요.

"난 최우수."

"나도 최우수."

"여기 한 표 추가요!"

최우수는 공부도 잘 하고, 운동도 잘 하고, 웅변도 잘 해요. 그래서 여자아이들은 못하는 게 없는 최우수를 좋아했어요.

이에 질세라 나대기가 똑같은 질문을 던졌어요.

"남자아이들만 대답해라. 우리 반 여자아이들 중에서 누가 제일 예쁘냐?"

그러자 남자아이들이 대답했어요.

"난 백장미."

"나도 백장미."

"여기 한 표 추가요!"

최우수는 백장미를 향해 엄지손가락을 추어올렸어요. 남자아이들은 공부는 잘하지 못하지만, 예쁘고 상냥한 백장미를 좋아했어요.

자신의 이름이 불리지 않아 속상한 오공주는 입을 삐죽였어요. 백장미가 전학 오기 전까지는 늘 자신이 최고였거든요. 오공주는 질투심으로 활활 끓어올랐어요.

"저 여우가 뭐가 예쁘다고 모두 '백장미, 백장미' 하는 거야?"

"그러게 말이야. 얌전한 척하면서 내숭은 다 떤단 말이야."

옆에 앉은 왕수다가 맞장구를 쳤어요.

"저기 눈웃음치는 것 좀 봐. 어휴, 얄미워."

"맞아. 난 쟤만 보면 밥맛이 떨어져."

"하여튼 남자들은 보는 눈이 없어요. 우리 공주님을 몰라보고."

"이건 우리 여학생들의 수치야. 자람아, 안 그러니?"

오공주의 물음에 조용히 듣고만 있던 자람이는 불에 덴 듯 화들짝 놀랐어요. 최우수를 좋아하는 자신의 마음을 들킨 것 같았어요. 내심 백장미를 향한 질투심으로 속상했던 자람이는 그냥 고개만 끄덕였어요.

깍듯 선생님의 한마디

남자아이들은 예쁜 오공주보다 왜 백장미를 더 좋아하는 걸까요?

백장미는 늘 환한 웃음으로 누구에게나 상냥하게 대해요. 그런 밝은 태도가 남자아이들의 마음을 사로잡은 것이지요.

사람의 마음을 움직이는 것은 뛰어난 외모가 아니랍니다. 못생긴 외모와 우울증을 극복하고 역사에 길이 남을 훌륭한 일을 한 위인들처럼요.

영국의 빅토리아 여왕은 못생겨서 외모 콤플렉스에 시달렸지만, 우울증을 극복하고 영국을 풍요와 자유가 넘치는 세계 최고의 강대국으로 만들었어요.

또한 미국의 링컨 대통령은 외모가 못생겨서 우울증에 걸렸지만 한 소녀의 권유로 수염을 길러 자신감을 얻어 콤플렉스를 극복했답니다.

친구 사이에 지켜야 할 예절

좋은 친구를 원하나요? 그렇다면 내가 먼저 좋은 친구가 되어야 해요. 아무리 가까운 사이라도 친구 간의 예절을 지키지 않으면 그 우정은 오래가기 힘들지요.

❶ 약속은 꼭 지킨다.

❷ 듣기 싫어하는 별명은 부르지 않는다.

❸ 비밀을 들었을 때는 꼭 비밀을 지킨다.

❹ 친구의 입장에서 생각해보고 행동한다.

❺ 친구의 물건을 빌릴 때는 꼭 허락을 받고 빌린다.

❻ 빌린 물건은 꼭 친구에게 돌려준다.

❼ 친구는 경쟁 상대가 아닌 서로 협력하는 상대라고 여긴다.

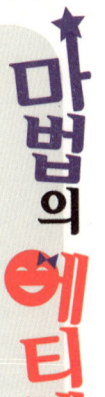

자신감을 높이는 방법

외모는 마음을 담는 그릇이에요. 그릇에 무엇을 담느냐에 따라 그 사람만의 이미지나 향기가 결정된답니다. 외모보다는 마음을 아름답게 가꾸면서 숨겨진 자신의 매력과 장점을 찾아보세요.

생각을 바꾼다

생각을 바꾸면 단점도 장점이 될 수 있어요.

긍정적으로 생각한다

부정적인 생각은 몸과 마음을 병들게 하지만, 긍정적인 생각은 몸과 마음을 튼튼하게 한답니다.

다른 사람과 비교하지 않는다

자신을 남과 비교하는 순간 자신감을 상실하게 된답니다.

쌍꺼풀 수술하면 안 돼요?

"아빠, 난 왜 이렇게 못생겼을까요?"

"그게 무슨 소리야? 이 세상에서 우리 자람이가 최고로 예쁜데."

"그건 아빠 생각이고요. 우리 반 남자아이들은 모두 백장미를 좋아한단 말이에요. 최우수까지도요."

"오호라, 우리 자람이가 최우수를 좋아하는 모양이로구나. 그래서 속상한 거고."

"그래서 말인데요, 저 쌍꺼풀 수술하면 안 돼요?"

"뭐, 쌍꺼풀 수술? 절대 안 돼!"

아빠가 펄쩍 뛰었어요.

"저도 백장미처럼 크고 예쁜 눈을 갖고 싶단 말이에요. 내 눈은 옆으로 쭉 찢어져서 하나도 안 예뻐요."

"누가 그래? 우리 자람이가 안 예쁘다고. 그건 네가 잘 몰라서 그런 거야. 자, 이 사진 좀 봐라."

아빠는 한 장의 사진을 보여주었어요. 사진 속에는 멋지게 노래를 부르고 있는 여자 연예인이 있었어요. 자람이도 알고 있는 가수였어요.

"어? 저처럼 쌍꺼풀이 없네요?"

"그래. 요즘 이 가수가 최고잖아. 어때? 너랑 비슷하게 생겼지?"

아빠는 자람이를 보며 흐뭇한 미소를 지었어요.

"아빠가 네 엄마한테 반한 것도 오목조목하게 생긴 얼굴 때문이었는걸. 단아하고 여성스럽고……. 지금은 호랑이로 변했지만 말이다. 하하하!"

"그럼 모든 남자들이 쌍꺼풀 있는 여자를 좋아하는 것은 아니네요?"

"그렇지. 사람마다 이성을 좋아하는 기준이 다르단다. 누구나 다 쌍꺼풀이 있는 여자를 좋아하진 않아. 이 아빠처럼. 분명히 너의 자연스러운 모습을 좋아하는 남자친구가 나타날 거야. 그러니까 쌍꺼풀 수술 시켜달라는 말은 하지 않았으면 좋겠다."

"그럼 나도 아빠 같은 남자를 만나야 되겠네요."

아빠는 기분이 좋은지 호탕하게 웃었어요.

이 세상의 모든 아빠가 딸에게 듣고 싶은 말이 바로 이 말일 거예요.

"난 커서 아빠와 같은 남자와 결혼할 거예요!"

깍듯 선생님의 한마디

외모에 집착해 성형수술을 반복하다가 얼굴이 선풍기처럼 커진 아줌마를 아세요? 외모가 전부라는 잘못된 생각 때문에 돌이킬 수 없는 결과를 만들었지요.

사람이 가장 아름다워 보일 때는 자신이 잘할 수 있는 분야에서 최선을 다할 때랍니다.

역도 선수 장미란은 모든 사람이 동경하는 외모를 갖춘 것은 아니지만 자기 일에 최선을 다하는 진정 아름다운 사람이에요. 교통사고로 전신화상을 입은 작가 이지선은 긍정적인 마음으로 아픔을 극복하여 사람들에게 많은 감동을 주었고, 역사 속의 강감찬 장군 역시 키도 작고 못생겼지만 슬기로운 지혜로 개구리 울음소리를 그치게 하여 사람들의 마음을 사로잡았어요. 이들은 모두 자신의 분야에서 최선을 다했기에 많은 사람들로부터 아름다운 사람으로 존경받는 것입니다.

외모의 벽을 뛰어넘은 지혜

강감찬 장군은 어떻게 마을 사람들의 마음을 사로잡았나요?

① 잘생긴 외모

② 멋진 옷차림

③ 슬기로운 지혜

④ 값비싼 선물

어느 고을에 개구리가 너무 요란스럽게 울어
마을 사람들이 잠을 못 자겠다며 고통을 호소했어요.
그러자 강감찬은 수면제 효과가 있는 약초물에 송사리를 넣었고,
개구리가 사는 논에 약에 취한 송사리를 풀었어요.
결국 개구리들은 그 송사리를 모두 잡아먹고
잠이 든 것이랍니다. 참 똑똑하지요?
강감찬은 자신의 키가 작고 못생긴 겉모습을 탓하지 않고
지혜로 마을 사람들의 마음을 사로잡았답니다.

외모 집착 지수는?

해당되는 질문에 솔직히 대답해보세요.

- ☐ 뚱뚱한 사람은 게으르게 보인다.
- ☐ 예쁜 사람이 공부도 잘 한다고 생각한다.
- ☐ 몸매가 드러나는 옷은 예쁜 아이만 입어야 한다.
- ☐ 내가 부르는 친구의 별명 중에 외모와 관련된 것이 있다.
- ☐ 외모가 뛰어난 친구가 말을 걸면 더 관심이 간다.
- ☐ 역할극을 할 때 못생긴 사람이 주인공을 하는 것은 참을 수 없다.
- ☐ 친구들의 외모를 평가하거나 농담하는 것이 재미있다.
- ☐ 외모가 뛰어난 사람을 반장으로 뽑는 것은 당연하다.

0~1개 마음을 볼 줄 아는군요.
2~3개 외모보다 마음을 보려 노력해요.
4~5개 외모 차별에 물들었어요.
6~8개 외모로 모든 것을 보고 있군요.

백장미를 사랑하지 않는 사람들의 모임

"백장미가 우리 반 대표로 장기자랑에 나가게 됐대."

"뭐? 그동안 죽도록 연습한 우리는?"

"남자아이들이 백장미에게 몰표를 던졌대. 왕 왕 왕짜증이야!"

"으윽, 내 인생의 태클, 백장미! 참을 수가 없어!"

오공주는 온몸을 부르르 떨었어요.

그도 그럴 것이 '오공주와 하녀들'은 매년 학급대표로 뽑혀 장기자랑에 나갔었는데, 이번에는 백장미 때문에 못 나가게 되었으니까 분하기도 하겠지요.

"내게 좋은 방법이 있어. 백장미 안티카페를 만들어서 우리끼리 실컷 욕을 하는 거야. 어때?"

오공주와 하녀들의 멤버인 왕수다가 말했어요.

"그거 참 좋은 생각이다. 오늘 당장 만들자."

"그러면 회원을 모집해야 하잖아."

"백장미만 보면 사족을 못 쓰는 남자아이들은 모두 빼고, 우리 반 여자아이들한테 이야기하자."

"그럼 일단 우리 '오공주와 하녀들'은 자동 회원이 되는 걸로 하고, 각자 한두 명씩 회원을 데려오자."

"좋아."

이렇게 하여 백장미 안티카페가 개설되었고, '오공주와 하녀들'은 회원 모집에 나섰어요.

오공주는 가장 먼저 자람이를 선택했어요.

"자람아, 내가 너 제일 좋아하는 거 알지? 너를 우리 카페에 초대하고 싶은데 회원으로 가입하지 않을래?"

"무슨 카페인데?"

"들어와 보면 알아. 그러니까 꼭 회원으로 가입해야 해. 그럼 이 따 저녁에 그 카페에서 만나자."

"알았어. 꼭 가입할게."

자람이는 어떤 카페인지 자세히 알아보지도 않고 나긋나긋한 오공주의 목소리에 마음이 움직여 덜컥 회원가입을 약속했어요.

학원을 마치고 집에 돌아오자마자 자람이는 공주가 말한 카페에 가입하려고 컴퓨터를 켰어요.

카페에 들어가자마자 커다란 제목이 눈에 들어왔어요.

'백사모? 백장미를 사랑하지 않는 사람들의 모임? 카페 이름이 이상해. 예감이 좋지 않아.'

자람이는 가입을 해야 하나 말아야 하나, 지금이라도 못하겠다고 전화를 해야 하나 고민하며 휴대폰을 만지작거렸어요.

'그래도 약속을 한 거니까 일단은 가입을 해야겠어.'

자람이는 결국 회원으로 가입하고 말았어요.

깍듯 선생님의 한마디

자람이는 회원으로 가입하지 말았어야 해요. 아무리 친한 사이라도 아니라고 생각될 때는 확실하게 "안 돼!"라고 이야기해야 해요. 그것이 나쁜 목적의 카페라면 더욱 신중해야 해요.

선생님, 제 마음은 하고 싶지 않은데 거절하면 친구가 마음 상할 것 같고, 이럴 땐 어떡하죠?

무조건 친구의 부탁을 들어준다고 좋은 건 아니란다. 잘못된 부탁은 '안 돼!'라고 말할 수 있는 친구가 진짜 친구야. 당연히 너도 친구에게 잘못된 부탁을 하지 말아야 하고, 친구가 네 부탁을 거절했다고 속상해해서도 안 되는 거야.

어려운 문제가 생기면 혼자서 고민하지 말고 꼭 부모님이나 선생님과 의논하세요. 부모님과 선생님은 여러분들의 고민 해결사니까요.

기분이 상하지 않게 거절하는 말

남의 부탁을 들어주지 못할 때 하는 말을 '거절하는 말'이라고 해요. 거절하는 말을 할 때에는 상대방의 기분이 상하지 않도록 주의하고, 거절하는 이유도 함께 말해야 해요.

희재야, 나 오늘 일찍 집에 가야 하는데 나 대신 청소 좀 해줄래? 다음에 네가 청소할 때 내가 대신할게.

미안해. 오늘은 나도 일찍 집에 가야 해. 저녁 때 학원에 가거든. 우리 같이 청소를 대신해 줄 수 있는 다른 친구를 찾아보자.

거절할 때의 유의점

❶ 거절할 때에는 상대방의 감정이 상하지 않도록 한다.
❷ 거절할 수밖에 없는 이유를 밝힌다.
❸ 거절하게 되어서 미안하다는 마음을 전한다.

예의 있게 화내는 방법

내가 가장 아끼는 장난감을 친구가 망가뜨렸어요. 어떻게 하는 것이 좋을까요?

① 친구니까 무조건 참는다.

② 물어내라고 고래고래 소리를 지른다.

③ 절대로 용서할 수 없다며 계속 운다.

④ 화가 난 자신의 감정을 솔직히 말하고 용서해준다.

자신이 아끼는 장난감을 친구가 망가뜨렸을 때 화가 나는 것은 당연하지만, 화가 난다고 울거나 크게 소리치거나 무조건 참는 것은 좋은 방법이 아니랍니다.

화가 날 때는 이렇게 해보세요.

❶ 내가 왜 화가 났는지 친구에게 자세히 설명한다.

❷ 말을 할 때는 소리 지르거나 울지 않는다.

❸ 화가 난 부분에 관해서만 이야기한다.

정답 ★ ④

탄로 난 백장미 안티카페

"오늘 백장미가 왕관 머리띠하고 온 거 봤니?"

"어, 봤어. 그런 촌스러운 머리띠를 하고 오다니 웃기지 않니?"

"맞아. 자기가 공주라도 된 것처럼 잘난 척하더라."

"남자아이들이 잘해주니까 자기가 최고인 줄 아나봐."

"그러게 말이야. 우리 반 여자아이들의 공식 왕따인 주제에."

카페 게시판은 늘 백장미를 욕하는 글로 도배되었어요.

자람이는 매일 카페에 들어가기는 하지만 댓글을 달지는 않았어

요. 남자아이들이에게 인기가 많은 백장미가 질투났지만 이런 방식으로 미움을 표시하는 것은 아니라는 생각이 들어서였지요. 그러면서도 묘한 쾌감을 느꼈어요.

그런데 날이 갈수록 게시판의 글은 강도가 세졌어요.

"체육 시간에 내가 백장미 필통을 몰래 쓰레기통에 버렸거든. 내가 버린 줄도 모르고 찾는데 어찌나 통쾌하던지."

"범인이 너였어? 그런데 백장미가 필통을 잃어버렸다니까 남자아이들이 함께 찾아주겠다고 난리도 아니더라. 특히 최우수는 쓰레기통까지 뒤져 찾아주더라."

"어찌나 눈꼴시리던지. 그래서 백장미가 내 옆을 지나갈 때 발을 슬쩍 걸었거든. 그러니까 앞으로 철퍼덕 넘어지더라. 완전 웃겼어. 하하하."

"잘했어! 백장미는 따끔한 맛 좀 봐야 해."

"맞아. 그 계집애를 다시 전학 보내야 해."

자람이는 점점 거칠어지는 아이들의 대화에 덜컥 겁이 났어요. 이대로 가다가는 큰일 날 것 같았어요. 하지만 선생님한테 이르면 자신도 백장미처럼 안티의 주인공이 될 것 같아 그냥 조용히 있기로 하였어요.

하지만 꼬리가 길면 잡히는 법, 오공주와 심하게 다툰 회원이 백

장미에게 안티카페에 대해 이야기를 하는 바람에 백장미 안티카페가 탄로 나고 말았어요.

백장미 엄마 아빠가 학교로 찾아오고, 카페 회원들의 부모님도 불려 와서 한바탕 난리가 났어요.

"모범상을 받은 자람이 너까지……. 실망이구나."

선생님은 한숨을 크게 쉬었어요.

자람이는 이 일로 인해 학교에 가면 선생님뿐만 아니라 교장 선생님께 불려가 반성문을 써야 했고, 집에 오면 엄마 아빠한테 심한 꾸지람을 들어야 했어요.

"믿는 도끼에 발등 찍힌다고 하더니 자람이 네가 어떻게 이럴 수 있어? 어휴, 동네 창피해서 원!"

생각 없이 한 일이 이렇게 큰일을 불러올 줄 누가 알았겠어요.

깍듯 선생님의 한마디

안티까페는 남이 잘 되는 것을 시기하는 사람들이 만든 카페예요. 스스로 노력해서 잘 될 생각은 하지 않고, 남을 비방함으로써 자신을 높이려는 비겁한 사람들의 모임이라고 할 수 있지요.

신문 기사를 봤는데 안티카페를 만든 사람의 70%가 초등학생이란다. 그런데 **안티카페를 만든 가장 큰 이유가 친구의 외모나 행동이 미워서래. 그게 집단폭력인 줄도 모르고.**

백장미가 밉다고 안티카페를 만든 오공주랑 똑같네요. 그게 나쁜 건 줄도 모르고 카페에 가입한 저도 마찬가지고요. 정말 부끄러워요.

같은 반 친구가 밉다고 그 친구를 대상으로 욕설이나 악플을 퍼붓는 공간인 안티카페는 사이버상의 집단 따돌림이자 폭력임을 명심하세요.

인터넷 예절(네티켓)을 배워요

'네티켓'이란 인터넷이라는 가상공간에서 서로 간에 지켜야 할 예절을 말해요. 즐겁고 유쾌한 인터넷 생활을 위해서라도 인터넷 예절을 꼭 알아두어야 해요.

❶ 다른 사람의 권리와 개인 생활을 존중하고 보호한다.

❷ 건전한 정보를 제공하고 올바르게 사용한다.

❸ 불건전한 정보를 받거나 타인에게 보내지 않는다.

❹ 다른 사람의 정보를 보호하며, 자신의 정보도 철저히 관리한다.

❺ 비속어나 욕설 사용을 자제하고 바른 언어를 사용한다.

❻ 실명으로 활동하며 자신의 ID로 행한 글이나 행동에 책임을 진다.

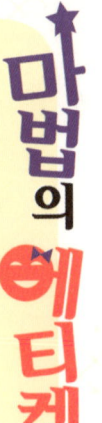

바른 댓글 달기

인터넷상에서 게시판의 글에 대해 다른 사람이 대답의 형식으로 올리는 글을 '댓글'이라고 해요. 상대방의 의견을 존중하는 좋은 댓글은 사람들에게 힘을 주지만, 기분을 나쁘게 하거나 무시하는 태도로 쓴 악성 댓글은 사람들을 힘들게 한답니다.

친구를, 이웃을, 온 국민을 힘이 나게 하는 좋은 댓글은 다음과 같은 글이에요.

❶ 칭찬이 필요한 사람을 위한 **칭찬 댓글**
❷ 격려가 필요한 사람을 위한 **격려 댓글**
❸ 친절을 베푼 사람을 위한 **감사 댓글**
❹ 슬픔을 겪고 있는 사람을 위한 **위로 댓글**
❺ 사과하고 싶은 사람을 위한 **사과 댓글**
❻ 용서하고 싶은 사람을 위한 **용서 댓글**
❼ 화해하고 싶은 사람을 위한 **화해 댓글**

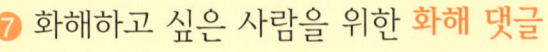

우리 모두 예술극장으로 GO GO!

"선생님, 우리 공주가 장미와 잘 지내나요?"

오공주의 아빠가 학교로 찾아왔어요.

"네, 그 사건 이후로 공주와 장미가 무척 친해졌답니다. 공주가 잘하려고 노력하는 게 눈에 보이더군요."

"지금도 그 일을 생각하면 부끄럽습니다. 외동딸이라서 오냐오냐 키운 게 잘못된 거 같아요. 선생님, 이번 일을 반성하는 의미로 반 아이들을 저희 예술극장에 초대하고 싶은데 어떨까요?"

"아이들이 좋아할 거예요. 공연장에 한 번도 못 가 본 아이들도 있는데 참 좋은 기회가 될 거예요."

"허락해주셔서 고맙습니다. 이 표는 부모님도 함께 오실 수 있는 표예요."

오공주의 아빠는 연극표를 정중하게 건네
주고는 그 자리를 떠났어요.

"와~."

아이들의 환호성이 교실 밖까지 새어나왔어요.

"예술극장이라면 남산에 있는 그 큰 극장 아냐?"

"맞아. 내가 좋아하는 가수가 콘서트를 한 곳이기도 해."

"와, 기대된다. 영화관은 가봤어도 공연장에는 한 번도 안 가봤
는데……."

"부모님과 함께 가도 된대. 참 재미있겠다."

"우리 엄마 아빠는 토요일에도 일하시는데 어떡하지?"

"나도. 그럼 우리 만나서 같이 가자. 여기 표에 보면 남산역 3번 출구로 나와 걸어서 10분이라잖아."

"좋아. 오후 2시 공연이니깐 우리 1시에 만나면 되겠다."

"우리 모두 예술극장으로 GO GO!"

아이들은 연극을 보러 갈 마음에 기분이 들떠서 종일 웃음꽃을 피웠어요.

"장미야, 넌 어떻게 할 거야?"

오공주가 묻자 백장미는 난처한 표정을 지었어요.

"보고 싶기는 하지만 부모님은 일하시느라 바쁘셔서 내가 동생을 돌봐야 하거든. 아무래도 연극을 보러가기 힘들 것 같아."

"그럼 동생을 데려오면 되잖아."

"공연은 8살 이상부터 볼 수 있대. 그런데 내 동생은 5살이거든."

"걱정 마, 내가 네 동생하고 놀아줄게. 난 그 연극 봤거든."

"정말? 그래도 돼? 고마워."

백장미의 얼굴이 환해졌어요. 그제야 오공주는 백장미에게 조금은 덜 미안해졌어요.

깍듯 선생님의 한마디

왜 어린 아이들은 공연장에 입장을 못할까요?

8살 미만의 아이들은 아직 어려서 조용히 앉아 공연을 감상하기 힘들어 공연 중에 떠들거나 소란을 피울 수 있어요. 그러면 다른 사람들에게 피해를 주지요.

공연장에서 지켜야 할 예절에는 어떤 것들이 있을까요?

첫째, **공연 시작 10분 전에는 도착한다.** 늦게 입장하면 도중에 생기는 소음과 빛 때문에 다른 사람에게 피해를 준다.

둘째, **공연장 안에 음식물을 가져가지 않는다.** 냄새도 나고 주변이 지저분해진다.

셋째, **공연 중에는 사진 촬영을 하지 않는다.** 배우나 관객들의 집중력을 방해하고, 저작권을 침해하는 행동이다.

넷째, **입장하기 전에 화장실을 다녀온다.** 공연 중에는 재입장이 불가능하다.

알고 가면 더 즐거운 공연장 에티켓

❶ 공연의 기본 정보를 미리 알고 보면 더 즐겁다.

❷ 관람에 불편한 큰 짐은 물품보관소에 맡긴다.

❸ 공연 관계자들의 진행에 협조한다.

❹ 자리는 지정석에 앉고, 티켓은 주머니에 보관한다.

❺ 휴대폰 전원은 꼭 끈다.

❻ 공연 중 사진 촬영은 절대 하지 않는다.

❼ 음식물은 공연장 밖에서 모두 먹고 들어간다.

❽ 공연 중 친구와 말하지 않는다. 대화 소리에 연기자가 집중력을 잃을 수 있다.

❾ 판매용 팸플릿을 구입하거나 비치된 팸플릿을 보관하면 감동을 오래 느낄 수 있다.

❿ 다른 사람에게 좋은 정보가 될 수 있는 관람평을 홈페이지에 과장되지 않게 적는다.

알고 가면 더 즐거운 클래식 공연 에티켓

어떤 옷을 입을까?

학교에 갈 때처럼 평소에 입는 일상복을 입되 트레이닝복이나 슬리퍼처럼 너무 편한 복장은 실례가 될 수 있다.

공연 중에 음식을 먹을 수 있을까?

클래식 공연은 극장에서 보는 영화와 달리 주변 소리에 민감하므로 음식을 먹지도 않고, 가지고 들어가지도 않는다.

앙코르를 외쳐도 될까?

클래식 연주 공연에서는 앙코르라는 말 대신 큰 박수로 앙코르를 요청한다. 연주자들은 보통 3곡 정도의 앙코르를 준비한다.

공연 시간에 늦었을 때 어떻게 할까?

공연 10~15분 전부터 입장이 시작되니 미리 도착하여 여유롭게 입장하고, 혹시 늦었을 때는 출입구 쪽에 있는 빈자리에 앉아 공연을 관람하다 휴식 시간에 자신의 자리로 간다.

저건 진짜 피가 아니고 맛있는 케첩이야

"우와, 무슨 극장이 이렇게 크니? 달님관, 별님관, 해님관, 구름 관, 바람관, 새싹관, 도대체 상영관이 몇 개야? 바쁘게 사느라 이 렇게 좋은 곳이 있는 줄도 몰랐네. 다음에는 아빠랑 함께 오자."

엄마는 회사에 출근하느라 오지 못한 아빠 가 마음에 걸리는 모양이었어요.

어린이 전용상영관인 새싹관은 다른 상영관에 비해 규모는 작았지만 아기자기했어요. 인기있는 캐릭터 인형, 움직이는 로봇, 색색의 풍선이 아이들을 반겨주었어요.

"대기야, 두리야, 여기야 여기!"

"고은아, 장미야, 이쪽으로 와!"

"학교가 아닌 데서 만나니까 참 좋네요."

아이들은 아이들끼리, 부모님은 부모님들끼리 서로 인사를 나누고 이야기꽃을 피웠어요.

"딩동댕동~."

공연의 시작을 알리는 종이 울렸어요.

객석의 불이 꺼지자 피에로 복장의 안내원이 올라왔어요.

"관객 여러분께서는 휴대폰 전원을 모두 꺼주세요. 특히 이곳은 무대와 객석이 가까워서 작은 소리의 대화도 연극에 방해되니 학생들은 조용히 해야 해요."

"네!"

아이들은 큰 소리로 대답했어요.

연극은 무척 재미있었어요. 눈물이 쏙 빠지게 슬프다가 배꼽이 빠질 정도로 웃겼어요. 울다가 웃으면 엉덩이에 뿔이 난다고 하는데, 어떡하지요?

그때였어요. 갑자기 나대기가 크게 웃어댔어요.

"우하하하, 저거 진짜 피가 아니고 케첩이야. 우하하하!"

옆에 있던 범생이가 입을 틀어막았는데도 대기의 입방정은 그칠 줄 몰랐어요.

"우하하하, 저것 봐, 내 말이 맞지? 주인공은 절대 안 죽는다니까."

대기가 자꾸 중간에 끼어들어 연극의 흐름을 방해하자 다른 관객들이 눈살을 찌푸렸어요.

"어이구, 내가 못 살아. 창피해서 더는 안 되겠다. 빨리 나와."

대기뿐만 아니라 개구쟁이 삼총사들은 부모님들에 의해 강제로 밖으로 끌려 나왔어요. 대기 옆에 앉았다는 이유만으로 끌려 나온 범생이는 무척 억울했어요.

"아, 억울해! 난 한 마디도 안 했다고!"

떠드는 대기를 말리기만 했는데 범생이까지 끌려 나갔으니 정말 억울했겠네요.

공연장에서 가장 주의해야 할 것은 소음이랍니다. **소음은 관람객에게도 피해를 주고, 무대에서 연기하는 배우에게도 피해를 줘요. 관람객은 떠드는 소리에 내용을 놓치게 되고, 배우는 다음 대사를 놓칠 수가 있으니까요.**

조용한 분위기에 찬물을 끼얹는 이런 행위는 공연장 에티켓 중 가장 예의 없는 행동이에요.

공연장은 밀폐된 곳이라서 아주 작은 소리까지 다 들리거든요. 부스럭부스럭 소리가 나는 비닐 쇼핑백, 알람 장치가 되어 있는 시계처럼 소리가 날만 한 물건은 아예 공연장에 가져가지 않는 것이 좋겠지요. 휴대폰의 전원을 꺼 놓는 것은 가장 기본적인 에티켓이랍니다.

끼어들면 안 돼요!

아이 배고파, 새치기해야지.

안 돼요!
줄 서서 기다리는
친구들에게
부끄럽지 않나요?

이러다가 지각하겠어.
끼어들어야겠다!

안 돼요!
뒤에서 정직하게 운전하고
있는 사람들에게 창피하지
않으세요?

그거 나 알아요.
뒤에 이렇게 되는
거 맞죠?

안 돼요!
어른의 대화에 함부로
끼어들다니 참 예의가
없군요.

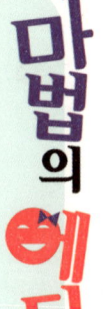

미술 작품 감상 에티켓

작가의 의도 파악하기

작가의 의도를 파악하기 위해 정해져 있는 동선대로 이동하며 관람한다. 전시장이 여러 곳인 경우에는 안내문을 참고한다.

나만의 동선 만들기

사람이 많이 몰려 정해진 동선대로 이동하기 힘들 때는 나만의 동선을 만들어 관람하되, 작품명과 작품 설명을 꼼꼼하게 읽는다.

전체적으로 감상 후 집중적으로 감상하기

처음에는 작품 전체를 먼저 살펴보고 이후 다양한 방향에서 작품을 살펴본다.

전문가의 도움 받기

전시전문가인 도슨트(관람객들에게 전시물을 설명하는 안내인)의 설명을 들으며 관람하면 작품을 이해하는 데 도움이 된다.

난 사회자 아니면 안 할 거야

"내가 사회자 할 테니까 너희는 토론자 해."

최우수가 언제나처럼 자신이 사회를 맡겠다고 했어요.

"왜 맨날 너만 사회자야? 선생님이 돌아가면서 하라고 했잖아."

"맞아. 저번에도 네가 했잖아. 이번에는 우리 차례거든."

"난 사회자 아니면 안 해. 너희들끼리 잘해 봐."

최우수는 친구들의 말을 들으려 하지 않았어요.

"선생님이 한 명도 빠지면 안 된다고 하셨단 말이야."

"그러니까 내가 사회자 하겠다잖아. 너희 내가 웅변대회에 나가 1등한 거 알지?"

"그거랑 이거랑 무슨 상관인데?"

아이들은 황당한 얼굴로 최우수를 노려봤어요.

"당연히 상관이 있지. 사회자는 아무나 하는 게 아니라는 소리야. 잘하는 사람이 사회자를 하자는 건데 그게 뭐가 잘못된 거니?"

"정말 너랑은 대화가 안 통한다 안 통해!"

"그건 내가 할 말이야."

모둠별로 하나의 주제를 놓고 토론하는 시간이었어요. 다른 모둠

은 벌써 열띤 토론에 들어갔는데, 최우수가 속한 모둠은 역할을 정하지도 못하고 티격태격했어요.

"선생님, 최우수 때문에 토론을 못 하겠어요. 쟤 빼고 하면 안 돼요?"

"선생님, 아이들이 저만 따돌려요. 다른 모둠으로 가고 싶어요."

서로서로 고자질하고 말다툼을 하는 아이들 때문에 결국 선생님은 폭발하고 말았어요.

"그러니까 너희 셋은 최우수가 없었으면 좋겠다는 이야기고, 최우수는 다른 모둠으로 가면 잘할 수 있다는 이야기니?"

선생님은 아이들의 태도가 화가 났어요.

"좋아, 대신 너희가 원한 일이기 때문에 이후에 발생하는 일에 대해서는 너희가 100% 책임을 져야 해. 지금처럼 누구 때문이 아니라 자신 때문이라는 거 명심해!"

단단히 이른 선생님은 최우수를 범생이와 한심해가 있는 모둠으로 보내주었어요.

깍듯 선생님의 한마디

최우수의 말대로 사회자는 잘하는 사람만 해야 할까요? 아니에요. 누구나 노력하면 잘할 수 있기 때문에 아무리 말을 못하는 사람일지라도 공평하게 기회를 줘야 해요. 비록 지금은 말을 더듬더라도 노력하면 유명한 연설가가 될 수 있거든요.

작가 이솝은 원숭이처럼 못생긴 데다 말을 더듬어서 비웃음을 많이 샀어요. 하지만 열심히 노력을 해서 노예의 신분임에도 불구하고 아이들이 즐겨 읽는 이솝우화를 지었답니다.

어렸을 때 말더듬이에 낙제생이었던 영국의 총리 처칠은 자신의 단점을 극복하려고 많은 노력을 해서 명연설가가 되었어요.

이들의 공통점은 무엇일까요? 말더듬이라는 단점을 극복하려고 많은 노력을 했다는 거예요. 여러분들도 자신의 단점을 고치기 위해 지금부터 노력해보세요.

친구와의 대화 예절

다음 상황에 어울리는 말을 찾아 ○표를 하세요.

친구가 맛있는 것을 먹고 있을 때

맛있겠다. 나도 좀 줄래?

야, 돼지야. 너 혼자만 먹니?

친구가 조사를 해왔을 때

이거 조사해 오느라 힘들었지?

야, 이걸 조사라고 해왔니?

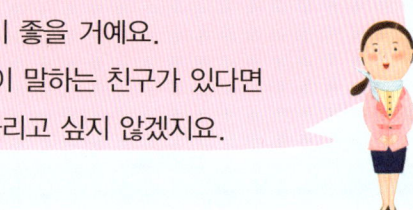 와 같이 다정하고 상냥한 말을 하는 친구가 있다면
하루 종일 기분이 좋을 거예요.
하지만 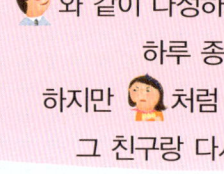 처럼 예의 없이 말하는 친구가 있다면
그 친구랑 다시는 어울리고 싶지 않겠지요.

130

바르고 고운 말로 대화를 하면 좋은 점

❶ 친구와 사이좋게 지낼 수 있다.

❷ 상대방의 기분이 상하지 않는다.

❸ 서로의 마음을 이해할 수 있다.

❹ 어른들께 칭찬을 받을 수 있다.

❺ 상대방이 나를 친절하게 대해준다.

❻ 서로 자주 만나 이야기하고 싶다.

❼ 상대방에게 나의 뜻을 바르게 전달할 수 있다.

❽ 말하는 실력이 향상된다.

❾ 긍정적으로 생각하는 습관이 길러진다.

❿ 많은 친구를 사귈 수 있다.

정말 너희와는 대화가 안 통해!

"잘됐다. 우린 사회자 하고 싶은 사람이 없어서 고민이었는데……."

범생이가 반겨주며 말했어요.

"고마워. 그럼 우리 모둠의 토론 주제를 뭐로 정할까? 돌아가면서 한 사람씩 이야기한 뒤에 가장 많은 표를 받는 것으로 정하자."

"뭘 그렇게 귀찮게 해. 네가 알아서 정해."

한심해가 느릿느릿한 말투로 말했어요.

"안 돼. 토론은 그렇게 하는 게 아니야. 모두의 의견을 들어본 뒤에 가장 좋은 의견으로 정해야 해."

최우수가 단호하게 말했어요.

그러자 범생이와 한심해는 곰곰이 생각하기 시작했어요. 범생이는 방귀 뀌었다고 놀림 받았던 일을, 한심해는 코딱지를 파다가 놀림 받았던 일을 생각했어요.

"그럼, '방귀 좀 뀌었다고 놀림 받아도 되는가?' 어때? 킥킥킥."

"난 '코딱지 좀 팠다고 놀림 받아도 되는가?' 어때?"

범생이와 한심해가 킥킥거리자 최우수가 발끈했어요.

133

"장난으로 의견을 내면 어떡하니? 진지하게 생각해봐."

"난 아주 진지해."

"나도."

범생이와 한심해는 눈을 반짝거렸어요.

"우린 무조건 네가 정한 주제로 할 거니까 주제나 빨리 말해!"

"알았어. 오늘의 토론 주제는 '남자는 치마를 입으면 안 되는가?'야. 자기 생각을 말하고 꼭 이유를 대야 해."

"난 남자는 치마를 입으면 안 된다고 생각해. 왜냐하면 그렇게 하면 엄마한테 혼나니까. 끝!"

"나도 안 된다고 생각해. 그 이유는 그렇게 하면 할머니한테 혼나니까. 끝!"

"그게 끝이니? 다시 한 번 제대로 생각하고 말해."

최우수가 다그치자 범생이와 한심해는 다시 곰곰이 생각하더니 이렇게 말했어요.

"난 안 된다고 생각해. 그렇게 하면 아빠한테 혼나니까. 끝!"

"나도 안 된다고 생각해. 그렇게 하면 할아버지한테 혼나니까. 끝!"

최우수는 더 이상 토론을 끌고 가기가 어려웠어요. 하지만 자신이 사회자 역할을 맡았기 때문에 불평할 수가 없었어요.

깍듯 선생님의 한마디

최우수는 왜 토론을 이끌어가기 힘들었을까요?

토론의 주제가 토론자에게 맞지 않는 주제였기 때문이에요. 그 주제에 대해 흥미가 없거나 아는 것이 부족하기 때문에 계속 똑같은 말만 반복한 것이지요.

주제를 사전에 공지하지 않았을 때는 친구들이 다 아는 흥미 있는 주제로 하는 것이 좋아요.

초등학생 토론 주제 초등학생에게 휴대폰이 꼭 필요한가?	중학생 토론 주제 친구 사이의 비속어 사용은 우정을 돈독하게 하는가?

'초등학생에게 휴대폰이 꼭 필요한가?' 처럼 수준에 맞고 모두 흥미 있어 하는 주제를 정해야 서로 의견을 나누는 제대로 된 토론이 이루어질 수 있답니다.

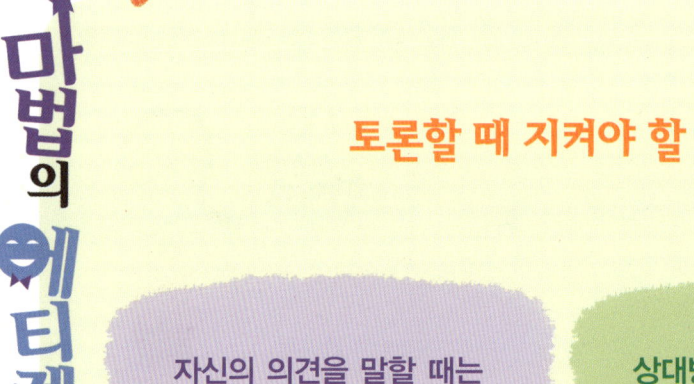

토론할 때 지켜야 할 예절

자신의 의견을 말할 때는 공손하게 말한다

♥

너무 작거나 큰 목소리로 말한다거나 다른 사람의 의견을 무시하는 듯한 말투는 좋지 않다.

상대방의 의견을 존중하며 귀 기울인다

♥

상대방이 말을 하는 도중에 끼어든다든지, 턱을 괴거나 팔짱을 낀 자세는 좋지 않다.

토론 결과에 승복한다

♥

토론이 끝난 후에 자신의 의견이 채택되지 않았다고 불만을 토로하거나 특정한 사람을 비방하지 않는다.

토론이 끝난 후에는 상대방과 인사를 나눈다

♥

인사를 통해 토론 중에 불편했던 서로의 관계를 회복할 수 있다.

다른 사람의 이야기를 잘 듣는 노하우

❶ 말하는 사람을 바라보며 이야기를 듣는다.

❷ 부드러운 눈빛과 표정을 짓는다.

❸ 들으면서 다른 생각을 하지 않는다.

❹ 상대방의 이야기를 들으면서 몸을 흔들거나 손이나 발로 장난을 치지 않는다.

❺ 상대방의 의견을 존중하며 끝까지 귀 기울여 듣는다.

❻ 상대방의 의견을 듣는 중에 의문 나는 점은 메모한다.

❼ 다른 사람과 이야기를 하지 않는다.

❽ 대화 중에 자리를 뜰 때는 상대방의 양해를 구한다.

❾ 질문하거나 다른 의견을 말할 때는 정중하게 양해를 구한다.

❿ 중간에 끼어들지 말고, 의문이 있으면 이야기가 끝난 뒤에 묻는다.

네 이름만큼 정말 한심하다 한심해!

"떡볶이 만드는데 가장 중요한 떡을 안 가져오면 어떡하니?"

"미안해. 엄마한테 이야기한다는 걸 깜빡했어."

"깜빡할 게 따로 있지 그걸 깜빡하면 어떡해?"

"그럼 우리 모둠은 어떡해? 정말 네 이름만큼 한심하다 한심해!"

여자아이들은 쌍심지를 돋우며 한심해를 몰아붙였어요.

"그만해! 엄마한테 말할 틈이 없었대잖아."

가까이서 그 모습을 지켜보던 범생이가 끼어들었어요.

"넌 우리 모둠도 아니면서 무슨 참견인데?"

"너희가 딱해서 그런 거야. 떡이 없으면 라면으로 하면 되잖아. 떡볶이 대신 라볶이 어때? 자, 라면."

범생이가 라면을 건네자 어두웠던 여자아이들의 얼굴이 금세 환해졌어요.

"라볶이? 그것도 좋겠다."

"고마워. 넌 우리 모둠을 구해 준 흑기사야."

여자아이들의 칭찬에 기분이 좋아진 범생이의 어깨가 절로 으쓱

해졌어요.

"뭘 그런 걸 가지고. 모자라면 이야기해. 나 오늘 라면 엄청 많이 가져왔거든."

그때 한심해가 다가왔어요.

"고마워. 네 덕분에 살았어."

"고맙긴 뭐. 너도 나 힘들 때 도와줬잖아. 예전에 모범상을 못 타서 울었을 때 끝까지 남아 위로해주었잖아. 그거 갚은 거야. 언젠가는 나도 네가 힘들 때 도와줘야지 하고 생각하고 있었거든. 헤헤헤."

그렇게 말해놓고 나니 자신이 굉장히 멋져 보였어요. 왠지 모를 뿌듯함이 가슴속에 가득 차올랐어요. 곤경에 처한 친구를 도와줄 때의 기분이 바로 이런 건가 봐요.

가장 친구 하고 싶지 않았던 친구 한심해와 친구가 된다는 것은 상상도 못 했는데…… 개구쟁이 삼총사인 대기와 두리보다 더 친해질 것 같은 이 기분은 무엇일까요?

깐듯 선생님의 한마디

드디어 모범생과 한심해 사이에 우정
이 생겼네요. 우정은 하루아침에 생기는 것
이 아니라 오랜 기간 서로 주고받은 정이 쌓이고 쌓
여 이루어지는 것이랍니다.

기분이 좋을 때는 잘해주고 기분이 엉망일 때는 짜증을 내는
관계는 오래가지 못한답니다. 슬플 때나 기쁠 때나 즐거울 때나
괴로울 때나 언제나 한결같이 서로에게 힘이 되어 주는 친구가
진정한 친구이지요.

여러분들도 모범생과 한심해처럼 진정한 친구가 있나요? 만약
아직 그런 친구가 없다면 '친구' 하면 떠오르는 사람이 누구인
지 생각해보세요. 그리고 그 친구가 나에게, 내가 그 친구에게
한결같은 모습이었는지 생각해보세요. 만약 그랬다면 바로 그
친구가 진정한 친구입니다.

친구 사이의 예절

❶ 서로의 인격을 존중한다.

❷ 친구 간에 한 약속은 꼭 지킨다.

❸ 잘 모르는 것은 친절하게 가르쳐준다.

❹ 듣기 싫어하는 별명은 절대 부르지 않는다.

❺ 친구의 일도 내 일처럼 걱정해주고 돕는다.

❻ 친한 사이에도 바른말, 고운 말을 사용한다.

❼ 욕을 한다거나 시비를 걸어 싸우지 않는다.

❽ 친하다고 해서 예의에 벗어난 행동을 해서는 안 된다.

❾ 잘한 일은 서로 칭찬해주고, 잘못한 일은 스스로 고치도록 돕는다.

❿ 나보다 공부를 잘 한다고 해서 친구를 시샘하지 않고, 못한다고
　해서 친구를 업신여기지 않는다.

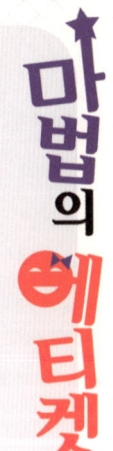

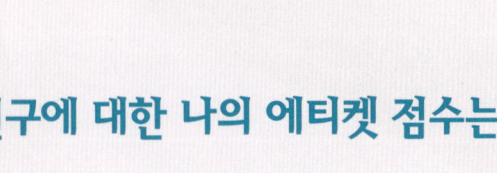

친구에 대한 나의 에티켓 점수는?

자신의 에티켓 점수를 확인해보세요.

- ☐ 친구가 실수하면 비웃거나 잘못을 꼬치꼬치 따진다.
- ☐ 친구의 말이 잘 이해가 안 되서 답답하면 화를 낸다.
- ☐ 친구가 말한 비밀을 금방 다른 친구에게 이야기한다.
- ☐ 나와 의견이 다르면 말다툼을 한다.
- ☐ 친구에게 솔직하지 않는다.
- ☐ 내가 잘못을 했을 때 변명을 늘어놓는다.
- ☐ 친구의 고민을 듣고 싶어 하지 않는다.
- ☐ 친구를 사귈 때 외모를 중요하게 여긴다.
- ☐ 친구를 잘 놀린다.
- ☐ 친구가 어려운 일을 당하면 슬쩍 피하거나 모른 척한다.

9개 이상 친구에 대한 에티켓이 꽝이군요. 노력하세요.

7~8개 친구를 이해하려고 조금 더 노력하세요.

5~6개 친구가 꽤 많은 편이네요.

4개 이하 우와, 멋진 매너왕이군요.

나눠주는 기쁨, 나눠 먹는 기쁨

"음식을 제출하라니 그게 말이 돼?"

"혹시 선생님들이 다 먹으려고 그러는 거 아닐까?"

완성한 요리를 제출하라는 선생님의 말에 아이들이 투덜댔어요.

자신들이 애써 만든 음식을 빼앗기는 기분이 들었기 때문이지요.

선생님은 칠판에 커다란 글씨로 오늘의 뷔페 메뉴를 적었어요.

☆ 오늘의 뷔페 메뉴 ☆

1. 한심해 모둠의 '라볶이'

2. 모범생 모둠의 '치즈라면'

3. 오공주 모둠의 '참치샌드위치'

4. 최우수 모둠의 '불고기햄버거'

5. 나대기 모둠의 '계란말이김밥'

6. 모자람 모둠의 '오므라이스'

아이들의 입이 삐죽 튀어나온 것을 보고는 선생님이 빙긋이 웃었
어요.

"삐돌이 삐순이 여러분, 많이 기다렸지요? 오늘의 뷔페에 오신
것을 환영합니다! 즐거운 시식 시간이에요."

"그럼 그렇지. 우리 선생님이 그럴 리가 있나."

아이들은 개인 접시를 들고 앞다투어 나왔어요. 자신이 먹고 싶은 음식을 조금씩 덜어 담았어요.

눈 깜짝할 새에 뷔페 음식이 싹 비워지자 선생님께서 말씀하셨어요.

"자신이 만든 음식을 친구들과 함께 나눠 먹으니까 어때요?"

"완전 좋아요!"

"그렇지? 선생님은 너희에게 나눠주는 기쁨뿐만 아니라 함께 나눠 먹는 기쁨을 느껴보게 하고 싶었어요. 근데 아까 누가 선생님보고 완전전전 치사빤스라고 한 것 같은데?"

치사빤스라고 했던 나대기가 머뭇거리며 말을 못하자 선생님이 크게 웃었어요.

"하하하, 내 빤스는 치사빤스가 아니고 하얀 빤스야."

썰렁한 유머에 아이들의 얼굴이 굳어진 것도 모르고 선생님은 배꼽을 잡고 웃었습니다. 하지만 아이들을 알고 있었어요. 허당기 많은 선생님이 가르쳐주려고 했던 것은 '배려와 나눔' 이라는 것을요.

깍듯 선생님의 한마디

자신들이 만든 음식을 자기들만 먹었다면 이런 기쁨을 모를 거예요. 나눠주고, 나눠 먹음으로써 나눔의 기쁨과 배려를 익히게 되는 것이랍니다.

'도와주거나 보살펴주려고 마음을 씀'을 뜻하는 '배려'는 거창한 게 아닙니다. 작은 것이라도 함께 나누려는 마음가짐이 배려의 기본이지요. 이런 따뜻한 마음을 가진 사람들이 모이고 모여 이웃을, 우리나라를, 세계를 아름답게 만든답니다.

이복순 할머니는 평생 김밥을 팔아 모은 전 재산을 돈이 없어 공부를 하지 못하는 학생들을 위해 기부했고, 마더 테레사 수녀는 인도에서 가난하고 병든 사람들을 위해 평생 봉사했어요.

평생을 배려와 나눔과 봉사에 바친 훌륭한 분들처럼 여러분들도 도움이 필요한 사람에게 먼저 손을 내밀어 보세요. 작은 배려가 상대방에게는 큰 희망이 될 수도 있으니까요.

마법의 에티켓

나의 나눔지수는?

자신의 나눔지수를 체크해보세요.

☐ 임신부나 노약자, 장애인을 보면 자리를 양보한다.

☐ 좋은 일을 위한 성금을 낸다.

☐ 무거운 짐을 들고 가는 어르신이 있으면 도와드린다.

☐ 수업시간에 짝이 책을 가져오지 않았다면 내 책을 함께 본다.

☐ 동네에서 만나는 어른들께 인사를 잘한다.

☐ 달리기하다가 넘어진 친구를 일으켜준다.

☐ 우산을 안 갖고 온 친구와 함께 우산을 쓴다.

☐ 물건을 잘 빌려준다.

☐ 아픈 친구를 위해 음식을 대신 가져다준다.

☐ 어려움에 처한 사람들을 보면 내가 도울 수 있는 일이 있는지 생각한다.

8개 이상 당신은 이미 나눔 실천가예요.

5~7개 따뜻한 마음만큼 실천이 필요해요.

3~4개 나눔 초보예요. 작은 일부터 실천해보세요.

1~2개 자기밖에 몰라요. 이웃에게 눈을 돌리세요.

마법의 에티켓

타인을 배려하는 행동

친구와 대화할 때 어떻게 행동하는지 생각해보세요.

배려할 때	행동	배려하지 않을 때
미소를 짓는다.	표정	인상을 쓴다.
따뜻한 시선으로 본다.	시선	노려보거나 다른 곳을 본다.
손을 자연스럽게 둔다.	팔	팔짱을 끼거나 삿대질을 한다.
고개를 끄덕인다.	고개	고개를 설레설레 흔든다.
듣는 이와의 거리가 가깝다.	거리	듣는 이와 거리를 둔다.
부드럽고 상냥한 목소리로 말한다.	말투	소리를 지르거나 화난 목소리로 말한다.

배려하지 않는 쪽이 많다면 지금부터라도 하나씩 고쳐나가다 보면 어느새 배려 깊은 친구로 변해 있을 거예요.

151

정고은	한심해	최우수	백장미	모자람	모범생
1표	2표	4표	4표	6표	7표

모범생이 에티켓 왕이라고?

"이번 시간에는 우리 반의 에티켓 왕을 뽑을 거예요. 에티켓을 잘 실천한 친구에게 줄 상장을 만들어보세요."

범생이는 누구를 뽑을지 곰곰이 생각해보았어요.

'대기와 두리는 나의 절친이지만 에티켓은 빵점이니까 패스, 최우수는 공부는 잘 하지만 자기 고집만 피우니까 패스, 자람이는 내 동생이니까 패스. 그럼 누구를 하지? 아, 생각났다. 한심해!'

상

우리 반의 에티켓 왕

한 심 해

위 사람은 내가 모범상을 못 탔다고 울었을 때
혼자 남아 위로해준 배려 깊은 친구입니다.
그 마음이 고마워 이 상장을 드립니다.

○○월 ○○일
친구 모 범 생

범생이는 정성 들여 상장을 만들었어요.

"자, 그럼 여러분이 만든 상장으로 우리 반의 에티켓 왕을 뽑겠
어요."

아이들은 숨을 죽였어요. 가짜 상인데도 긴장이 되었어요.

선생님은 칠판에 이름을 크게 적었어요.

정고은	한심해	최우수	백장미	모자람	모범생
1표	2표	4표	4표	6표	7표

"이야, 모범생이 모자람을 이겼어!"

"완전 대박! 범생아, 축하해!"

선생님도 너털웃음을 지었어요.

"이 상은 친구들이 주는 상인 만큼 그 의미가 크다고 생각해. 범생아, 축하한다!"

선생님의 칭찬에 범생이는 뛸 듯이 기분이 좋았어요. 그동안 바른 행동을 하려고 노력한 것이, 친구가 어려울 때 발 벗고 나서서 도와준 것이 헛되지 않았으니까요.

깍듯 선생님의 한마디

짝짝짝!!! 범생이가 드디어 에티켓 왕으로 등극했네요. 왕딱지를 선물하고도 1표밖에 못 받았던 범생이가 7표나 받았으니 대단한 발전을 했네요.

에티켓(Etiquette)은 프랑스어로 '나무 말뚝에 붙인 출입금지' 라는 의미에요. 프랑스의 왕 루이 14세는 베르사유에 화려한 궁전을 짓고 귀족들을 불러 파티를 즐겼는데, 이 궁전에는 화장실이 없었다고 해요. 그래서 귀족들은 건물 구석이나 정원에서 볼일을 보았대요. 그것을 참다못한 궁전관리인이 "정원에 들어가지 마시오."라는 표지판을 세웠고, 루이 14세가 이 표지판을 넘어가면 안 된다는 칙령을 내렸답니다.

그 이후로 에티켓이라는 말이 '궁전에서 하지 말아야 할 일을 정한 규칙'을 의미하게 되었고, 이렇게 만들어진 프랑스의 궁중 예절이 이웃 나라로 퍼져 '에티켓' 이란 말이 생겼답니다.

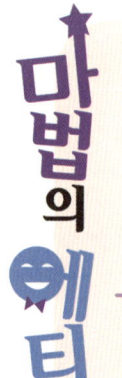

에티켓, 나라마다 달라요

나라		에티켓
우리나라		붉은색으로 이름을 쓰지 않는다.
일본		선물을 흰색으로 포장하는 것을 싫어한다.
중국		한자인 '종(終)'이 죽음을 뜻한다고 생각하기 때문에 괘종시계를 선물하지 않는다.
인도		소를 신성하게 여겨 소고기를 먹지 않는다.
미국		식사 중에 코를 풀어도 된다.
독일		법이나 규칙, 시간 약속을 정확히 지킨다.
영국		장례식 때 백합을 사용하기 때문에 선물용으로는 좋아하지 않는다.
프랑스		식사 중 대화를 즐기고, 음식은 남기면 안 된다고 생각한다.
이탈리아		자신의 귀를 만지면 상대방을 모욕하는 행동이라 여긴다.

나의 예절지수는?

내 예절지수를 확인해보세요.

- ☐ 바르고 고운 말을 사용하나요?
- ☐ 옷을 단정하고 깨끗하게 입나요?
- ☐ 때와 장소, 상대에 알맞게 바른 인사를 하나요?
- ☐ 친절한 태도로 전화통화를 하나요?
- ☐ 외출할 때 부모님께 말씀드리나요?
- ☐ 선생님께 공손하게 대하나요?
- ☐ 친구의 잘못을 너그럽게 감싸주나요?
- ☐ 실내에서 사뿐사뿐 걷나요?
- ☐ 공공장소에서 차례와 질서를 잘 지키나요?

8개 이상 당신은 이미 예절 왕이에요.
5~7개 따뜻한 마음만큼 실천이 필요해요.
3~4개 예절 초보에요. 작은 일부터 실천해보세요.
1~2개 자기밖에 몰라요. 노력이 필요해요.

모범생, 진짜 모범생이 되다

"이게 다 네가 받은 상장이니?"

"네."

"혹시 이거 자람이 거 아니니?"

"여기 모범생이라고 쓰여 있잖아요. 이것도 모범생, 저것도 모범생, 요것도 모범생, 조것도 모범생!"

"정말 그러네. 하나, 둘, 셋, 넷, 다섯, 여섯, 일곱! 세상에나!"

엄마는 범생이가 타 온 상장을 세고 또 세었어요.

"역시 범생이는 날 닮았다니까? 호호호."

"아니지. 범생이는 날 닮아서 인기가 많은 거요. 허허허."

옆에서 지켜보던 아빠가 너털웃음을 지었어요.

"무슨 말이에요, 날 닮았다니까요?"

"허허허, 도시락에 개구리를 싸 간 모범생도 있나?"

엄마의 얼굴이 빨개졌어요.

"거봐. 말썽 피우는 건 당신 닮았고, 모범적인 건 날 닮은 거라니깐."

아빠는 계속 허허거렸어요.

범생이는 엄마와 아빠가 정답게 투닥거리는 모습을 보며 뿌듯함이 가슴에 꽉 차는 듯했어요. 부모님께 인정받는 기분이 이런 건가 봐요.

"아빠, 저는요?"

자람이가 물었어요.

"물론 우리 자람이도 날 닮았지. 자람이도 모범생, 범생이도 모범생. 아빠는 정말 기분이 좋구나."

아빠는 범생이와 자람이를 함께 끌어안았어요.

"우리 집에 모범생이 둘이나 탄생했으니 이번 주말에 시골 할머니 댁에 갈까?"

"야호!"

아빠의 말에 범생이가 환호성을 질렀어요.

지난 번 자람이가 모범상을 탔을 때 실망하신 할머니의 모습이 떠올랐거든요. 이번에는 정말 범생이가 상을 받았다고 하면 할머니가 얼마나 좋아하실까요?

"어이구, 내 새끼. 장하기도 하지."

범생이의 열렬한 팬인 할머니께서 좋아하시는 모습이 눈에 훤히 보이는 것 같네요.

깍듯 선생님의 한마디

　말썽꾸러기 범생이가 진짜 모범생이
되자 엄마 아빠의 얼굴에 웃음꽃이 활짝 피
었어요.
　범생이처럼 여러분도 부모님의 얼굴에 함박웃음을
선물해보세요. 범생이도 하는데 뭐가 걱정이에요. 모든
것은 마음먹기 나름이에요.

　어떻게 마음을 먹느냐에 따라 결과는 다르답니다. 긍정적으로
생각하면 자기 일뿐만 아니라 남의 일까지 도와줄 수 있지만,
부정적으로 생각하면 자신이 할 수 있는 일조차 못 하고 남에게
의존하게 된답니다.

　에티켓도 마찬가지예요. 모든 것을 긍정적으로 생각하고 바른
예절을 실천하는 모범 어린이가 되세요!

나의 에티켓 상식은?

다음 문제를 읽고 맞는 것에 ○표, 틀린 것에 ×표를 하세요.

❶ 친구의 외모를 빗대어 듣기 싫어하는 별명을 부른다. ☐

❷ 친구가 비밀로 이야기한 것을 다른 친구에게 퍼뜨린다. ☐

❸ 어른들께는 높임말을 써서 존경의 뜻을 표한다. ☐

❹ 다른 사람의 집을 방문할 때에는 미리 연락한다. ☐

❺ 가위나 칼 같은 뾰족한 물건을 건넬 때는 뾰족한 부분이
   나를 향하고, 손잡이 쪽으로 건넨다. ☐

❻ 박물관이나 전시장의 작품을 감상할 때는 한 장소에서
   오래 서서 본다. ☐

❼ 도서실에서 책에 낙서하거나 침을 묻히지 않는다. ☐

❽ 피부색이 하얀 외국인은 친절하게 대하고, 까만 외국인
   에게는 무심하게 대한다. ☐

❾ 길을 걸을 때 손을 주머니에 넣고 걷는다. ☐

❿ 밖에 외출할 때는 꼭 부모님께 말씀드린다. ☐

정답 ★ ❶ × ❷ × ❸ ○ ❹ ○ ❺ × ❻ × ❼ ○ ❽ × ❾ × ❿ ○

⑪ 계단 난간에 매달리거나 미끄럼을 타지 않는다.

⑫ 공연장에 갔을 때는 휴대폰을 진동으로 한다.

⑬ 선생님과 두 번 이상 마주쳤을 때에도 큰 소리로 "안녕하세요?"라고 인사한다.

⑭ 음식을 먹으면서 책이나 텔레비전을 본다.

⑮ 친구가 의견을 발표할 때 끼어들거나 야유를 보낸다.

⑯ 기분이 나쁘면 친구의 신발을 숨기거나 멀리 던진다.

⑰ 국민의례를 할 때 한눈을 팔거나 장난치지 않는다.

⑱ 임신부나 노약자, 장애인을 보면 자리 양보한다.

⑲ 옷차림이 화려하면 잘 대해주고, 초라하면 무시한다.

⑳ 인터넷은 부모님과 약속한 시간에만 이용한다.

모두 다 맞았나요? 하나라도 틀렸다면
한 번 더 책을 자세히 읽어본 뒤에 다시 풀어보세요.
우리나라의 어린이들이 모두 에티켓 왕이 되는
그 날까지!

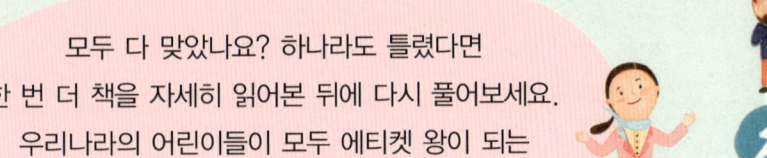

정답★ ⑪○ ⑫○ ⑬✕ ⑭✕ ⑮✕ ⑯✕ ⑰○ ⑱○ ⑲✕ ⑳○

초판 1쇄 인쇄 2014년 11월 31일
초판 1쇄 발행 2014년 12월 4일

글 정명숙
그림 김은경

펴낸이 정태선

기획 · 편집 안경란 · 정애영
디자인 고근희 · 한민혜
마케팅 김민경

펴낸곳 파란정원 | 출판등록 제395-2010-000070호
주소 서울시 서대문구 통일로 367 2층 (홍제동)
전화 02-6925-1628 | 팩스 02-723-1629
전자우편 eatingbooks@naver.com
종이 종이나무 | 인쇄 조일문화인쇄사 | 제본 경문제책사

글ⓒ정명숙 2014
ISBN 978-89-94813-67-7 73370

이 책은 저작권법에 따라 보호받는 저작물이므로 무단전재와 무단복제를 금지하며,
이 책 내용의 전부 또는 일부를 이용하려면 반드시 저작권자와 파란정원의 동의를 얻어야 합니다.
＊잘못된 책은 구입하신 서점에서 바꿔 드립니다.